Dieser Bestseller aus dem Jahr 1931 führt den Leser mitten hinein in die pulsierende Metropole Berlin auf dem Höhepunkt der »Goldenen Zwanziger«. Folgen Sie dem Autor bei seinen Ausflügen zu den Hotspots des damaligen Nachtlebens – in sagenumwobene Varietés und Tanzpaläste, in Vergnügungsparks und Kaffeehäuser, in angesagte Bars an die Orte der Prostitution und des Verbrechens. Erweiterte Neuausgabe des Klassikers – mit Glossar, Register und vielen historischen Fotos.

»Wer Erlebnisse sucht, Abenteuer verlangt, Sensationen sich erhofft, der wird im Schatten gehen müssen.« Curt Moreck

Curt Moreck, 1888 als Konrad Haemmerling in Köln geboren, lebte in den 1920er Jahren als freier Journalist und Autor in Berlin und München. Während der Zeit des Nationalsozialismus waren seine Werke verboten. Er starb 1957 in Berlin.

CURT MORECK

EIN FÜHRER DURCH DAS LASTERHAFTE BERLIN

DAS DEUTSCHE BABYLON 1931

btb

Herausgegeben von Marijke Topp

Trotz intensiver Recherche ist es uns nicht gelungen, den Rechteinhaber der Texte von Curt Moreck ausfindig zu machen. Bei berechtigtem Anspruch, bitte beim Verlag melden.

FSC
www.fsc.org
MIX
Papier aus verantwortungsvollen Quellen
FSC® C014496

Verlagsgruppe Random House FSC® N001967

1. Auflage
Genehmigte Taschenbuchausgabe August 2020
btb Verlag in der Verlagsgruppe Random House GmbH,
Neumarkter Str. 28, 81673 München

Lektorat: Marijke Topp, Berlin
Covergestaltung: semper smile, München
nach einem Entwurf von Manja Hellpap, Berlin unter Verwendung
eines Motivs von © Ullstein Bild
Satz: typegerecht berlin
Druck und Einband: GGP Media GmbH, Pößneck
SL · Herstellung: sc
Printed in Germany
ISBN 978-3-442-71928-0

www.btb-verlag.de
www.facebook.com/btbverlag

INHALT

Vorwort zur Neuausgabe 7

Wir zeigen Ihnen Berlin 9

Von der City in den Westen 15

Friedrichstraße und Kurfürstendamm –
Die Zentren des Amüsierbetriebs

Auftakt zum Nachtleben 47

Nachmittagstee der großen, der kleinen
und der halben Welt ~ Die Fünfuhr-Frauen ~
Tête-à-tête-Abende in den Mokka-Dielen ~
Was tut sich in den Kaffeehäusern?

Es dämmert ... 67

Straßenbummel unter Lichtreklamen –
Ein Kinobesuch gefällig? – Warum allein sein,
wenn man zu zweien sein kann? Geteiltes
Vergnügen ist doppeltes Vergnügen

Wie man auf anmutige Weise den Abend beginnt ...
(Ein kulinarisches Intermezzo) 73

Wünschen Sie gut zu speisen? ~ Auf welche
Art wollen Sie essen? Die Küchen aller Nationen ~
Alle Nationen unter einem Dach

Wohin gehen wir? 83

Rummelplätze, Varietés und Kabaretts

Nachtbetrieb in Tanzpalästen und an ähnlichen Stätten 105

Stammlokal des mannmännlichen Eros ~ Lesbische Lokale ~ Hier gibt es Transvestiten … ~ Nacht-Badeanstalten

Wünschen Sie einen Blick in die Unterwelt zu tun? 155

Die Unterwelt und was man so nennt … ~ Neugierige seien gewarnt! – Kaschemmenbetrieb – Dunkle Stadtteile ~ Sportpalast mit Zilleball und Sechs-Tagerennen

Beschluss 193

Glossar 195

Übersicht der Etablissements 203

VORWORT ZUR NEUAUSGABE

Curt Morecks »Führer durch das ›lasterhafte‹ Berlin« erschien erstmals 1931. Was der Autor darin schildert, erfüllt auf den ersten Blick alle Klischees der Zwanzigerjahre, die zwar nicht unbedingt »golden«, auf jeden Fall aber »wild« waren. In der deutschen Hauptstadt wurde gefeiert und getanzt, geschlemmt und gesündigt, als ob es kein Morgen gäbe. Von Wirtschaftskrise, Arbeitslosigkeit und den politischen Umwälzungen der Zeit ist bei Moreck kaum die Rede. Stattdessen umso mehr von glitzernden Varietés, schillernden Tanzpalästen, verruchten Nachtclubs und angesagten Bars und Cafés ...

Dass der Vulkan, auf dem man 1931 tanzte, bald ausbrechen sollte, haben wohl die wenigsten geahnt. Auch nicht Moreck selbst, dessen Werke zwei Jahre später verboten und verbrannt wurden. Laut Geburtsurkunde hieß der 1888 in Köln geborene Schriftsteller, der auch Kunst- und Theaterkritiken schrieb, Konrad Haemmerling. Aber schon seinen ersten literarischen Erfolg, das 1912 im Rowohlt-Verlag erschienene Buch »Jokaste die Mutter«, veröffentlichte er unter Pseudonym. Es folgten unzählige weitere Romane, auch Sachbücher zur »Sittengeschichte«, bis die Nazis Morecks Karriere ein jähes Ende bereiteten. Nach dem Krieg erschien kaum noch etwas von ihm. 1957 starb er in Berlin, begraben wurde er auf dem Friedhof Dahlem-Dorf.

Moreck wendet sich mit seinem Buch vor allem an die über anderthalb Millionen Berlin-Besucher, die damals jährlich in die Stadt strömten. Nicht die klassischen Sehenswürdigkeiten will er ihnen zeigen (die »Meilensteine der Langeweile«), sondern die Stätten des Vergnügens und der Zerstreuung – vom unverfänglichen Rummelplatz bis hin zu den Stammlokalen der Schwulen und Lesben. Bei aller Begeisterung, die dabei zuweilen anklingt, bleibt der Autor stets ein kritischer Beobachter, der nicht jedes Klischee für bare Münze nimmt.

Wer in das pulsierende Berlin der Zwanziger- und Dreißigerjahre eintauchen möchte, der findet in Curt Moreck auch heute noch den idealen Stadtführer. Die Neuausgabe wird ergänzt durch ein alphabetisches Register der erwähnten Lokalitäten sowie ein kleines Glossar von Namen und Begriffen, die heute nicht mehr jedem geläufig sein mögen.

WIR ZEIGEN IHNEN BERLIN

Neugier und Erlebnishunger treiben den heutigen Menschen von Stadt zu Stadt, von Land zu Land, von Erdteil zu Erdteil. Der Beruf ist für ihn meist Zwang und Fron. Wenn er das Auto, die Bahn oder das Flugzeug besteigt und Kilometer um Kilometer hinter sich legt, wenn er die Landschaft und das Bild seiner ständigen Umgebung wechselt, so sucht er diesem Zwang zu entrinnen und im Wechsel Erholung und Vergnügen zu finden. Diesen Trieb hat sich eine Industrie, begünstigt durch die rapide Entwicklung und Vervollkommnung der Verkehrsmittel, dienstbar gemacht. Der Reisende ist ihr ein willkommenes Objekt der Nutznießung geworden, die sich manchmal zur Ausbeutung steigert. Die großen Städte haben einen weitverzweigten und komplizierten Apparat eingerichtet, um den Fremdenverkehr zu organisieren. Sie haben Fremdenämter geschaffen und schon gehen die Länder daran, Fremdenverkehrs-Ministerien mit dieser Organisation zu betrauen. Beide Parteien gewinnen. Den Fremden wird das Reisen erleichtert, der Fremdenindustrie die Nutzbarmachung ihrer Betriebe. Eines Tages hat das

Fremdenamt Berlins die Parole ausgegeben: »Jeder einmal in Berlin!« Die moderne Reklame arbeitet mit der Schärfe des kategorischen Imperativs. Sie hat einen diktatorischen Tonfall angenommen. Die Wirkung ist sichtbar. Man bekommt heute seine Zahnpasta, seine Rasierklinge, seinen Füllfederhalter, seine Automarke, seine Biersorte, seine Sommerfrische anbefohlen und man folgt diesem Befehl, der mit suggestiver Gewalt erteilt wird. Man braucht an Nebensächlichkeiten keine Gedanken zu verschwenden. »Jeder einmal in Berlin!« Das hat etwas Unwiderstehliches. Es schwebt etwas Lockendes, Verheißungsvolles, Faszinierendes um dieses Wort. Die großen Fragen stellen sich erst ein, wenn man den Bahnhof verlassen hat. Die Sache wird problematisch. Großstädte sind unbestimmte Verheißungen. Sie sind ein Konglomerat von unendlichen Möglichkeiten. Sie sind Labyrinthe, in denen die schönsten Straßen einen nicht ahnen lassen, wohin sie einen führen werden. Wen das Land hineinstößt, der fühlt sich hilflos und wird plötzlich von der Angst überfallen, das zu versäumen, was er kennenlernen möchte, das zu verpassen, was ihm einen Gewinn an Vergnügen verspricht. Das eigentliche Wesen einer Stadt liegt nicht an den großen Straßen, nicht auf der Oberfläche, gibt sich nicht leicht und mühelos. Es will gesucht, aufgespürt, ausgegraben werden. Man muss in diesen rauschenden Strudel untertauchen, sich darin verlieren, aber nicht ohne sich wiederzufinden. Man muss den Irrwegen nachgehen, aber nicht ohne das Ziel zu kennen. Man wird sich nach einem Führer umsehen müssen. Ohne den Führer verliert man kostbare Zeit, die man besser dem Genuss widmet. Man muss sich die Erfahrungen der anderen zunutze machen.

Jede Stadt hat eine offizielle Seite und eine inoffizielle, und es erübrigt sich, zu sagen, dass die letztere die interessantere und für das Verständnis eines Stadtwesens aufschlussreichere ist. Alles, was so offen im Lichte der Bogenlampen liegt, trägt das Gesicht, das mehr einer Maske als einer Physiognomie gleicht. Es zeigt ein Lächeln, das nur ein Appell an den Geldbeutel des Besuchers ist. Es trägt die Schminke der Gefallsucht zu dick aufgestrichen, um darunter die wahren Züge erkennen zu lassen. Wer Erlebnisse sucht, Abenteuer verlangt, Sensationen sich erhofft, der wird im Schatten gehen müssen.

Wer mit Genuss reisen will, der muss beide Seiten einer Stadt kennenlernen, der muss sie dahin bringen, dass sie ihm ihr Janusgesicht zeigt, der darf nicht an der Oberfläche stehen bleiben, sondern muss sich in die Tiefen wagen. Sie sind das amüsantere Niveau des Lebens. Oberfläche und Tiefen zusammen ergeben erst die Totalität.

Die offiziellen Stellen präsentieren dem Reisenden einen Führer, der ihn in ermüdender Folge zu allen repräsentativen Stätten weist, der dem Eifer dessen dienen will, welcher es als einen unersetzlichen Verlust ansieht, wenn er an einem Denkmal, an einem Gebäude, einer Örtlichkeit achtlos vorübergegangen ist, daran irgend eine historische Erinnerung sich knüpft. Oh, über diese historischen Erinnerungen! Es sind die Meilensteine der Langeweile. Sie konservieren die Vergangenheit, sie sind das mumifizierte Gestern. Reisen aber heißt, die Gegenwart in ihrer Intensität erleben.

Ihre Intensität erlebt man nur an den Stätten des Lebens, da, wo seine Pole sich berühren, wo seine Gegensätze eins werden, wo die Menschheit sich mischt wie ein pikantes Ragout, wo die große Welt zuhause ist und die Halbwelt gastiert oder wo die Halbwelt zuhause ist und die große Welt gastiert, und schließlich auch da, wo die Unterwelt ist.

Überall begegnet man den Gegensätzen. Die Gegensätze sind einer der größten Reize unseres an Reizen nicht übermäßig gesegneten Daseins. Aus den Gegensätzen extrahieren wir unsere stärksten Genüsse, unsere begehrenswertesten Sensationen, unsere abgründigsten Freuden. Berlin ist die Stadt der Gegensätze, und es ist eine Lust, sie zu entdecken. Schon das Widerspiel von Tag und Nacht in ihr zu genießen, lohnt die Mühe. Wer die vom Tageslicht beleuchteten Kulissen genauer kennenlernen will, zwischen denen sich die amüsante, nervenaufreizende Alltagskomödie der menschlichen Leidenschaften und Süchte begibt, zwischen denen der turbulente Betrieb der Weltstadt mit ihren Millionen sich abspielt, der möge mit dem »Baedeker« in der Hand durch die Zeilen wandern oder sich im Mammutauto herumfahren lassen. Da gibt es bequeme Lederpolster und lehrreiche Unterweisungen über das, was man sieht.

Aber durch jenes andere Berlin, das erst nach Sonnenuntergang zum Leben erwacht, das mit seinen Lichtfanalen den Nachthimmel anglüht oder sich auch im Dunkel verbirgt, rollen keine Rundfahrtwagen. In ihm gibt es keine Führer, nur jene sich peinlich andrängenden Verführer, die man »Schlepper« nennt, Provisionswerber des Vergnügens, deren klebrige Zudringlichkeit dem nächtlichen Passanten oft verhängnisvoll wird, denn wohin sie führen, da lauert der »Nepp« auf seine Opfer. Wer die paar Amüsierbetriebe, die sich solcher Zuhälter des Vergnügens bedienen, gesehen hat, der weiß noch wenig vom echten Nachtleben der Stadt. Seine Standquartiere sind über die verschiedenen Stadtviertel verteilt und wollen besucht sein.

Jeder einmal in Berlin! Auch im nächtlichen. Auch im halboffiziellen. Auch auf der andern Seite, deren Sehenswürdigkeiten nicht vom Ausrufer der Rundfahrtwagen mit witzigen Glossen angekündigt werden.

Aber man kommt auch hier nicht ohne Führer aus. Hier vielleicht am allerwenigsten. Niemals hätte

Theseus sich ohne Ariadnes Faden in das Labyrinth gewagt. Und was war das Labyrinth gegen das nächtliche Berlin, gegen die in ihrem Licht und in ihrem Dunkel gleicherweise verwirrende Metropole des Vergnügens?!

VON DER CITY IN DEN WESTEN

Friedrichstraße und Kurfürstendamm – Die Zentren des Amüsierbetriebs

Im wilhelminischen Berlin pulste in der Friedrichstadt das großstädtische Leben, hier fühlte man den Herzschlag der wachsenden Metropole, hier war die Intensität ihrer treibenden Kräfte zu spüren, hier ließ sich ihre besondere Atmosphäre wittern, hier ihr Wesen erschöpfen. Der trubelnde Straßenzug zwischen dem Bahnhof Friedrichstraße und der Leipziger Straße, den die würdevoll auf Repräsentanz bedachten »Linden« in zwei eigentümlich verschiedene Hälften schneiden, war dem Manne in der Provinz Inbegriff einer Märchenwelt voll Licht, Frauen und Erotik, war höchstes Ziel seiner Wünsche, beunruhigte ihn daheim mit Sehnsucht nach seinen lockenden Geheimnissen und erfüllte ihn, wenn er sich mitten in den Wirbel wagte, mit dem prickelnden Reiz der Sensationen. Damals war die Friedrichstraße ein Inbegriff, die Substanzierung der Weltstadtexistenz Berlins. Es war ein Appell an den bourgeoisen Instinkt, dass die Vergnügungsindustrie sich im Stadtteil der monarchischen Repräsentation etablierte. In der kurzen Ära der Republikanisierung ist die seinerzeit vorherrschende Gesinnung fossil geworden und mit ihr das einstige Berliner Amüsierviertel, trotz immer wieder einsetzender Belebungsversuche. Alles ist um ein paar Grade gesunken, alles ist ein wenig unzeitgemäß, alles ist etwas Vergangenheit geworden. Der flüchtige Beobachter, der eilige Fremde, der schnelle Passant merkt es nicht. Aber es ist so. Über alle Dinge hat sich etwas Staub gelegt, hat sich etwas die Melancholie der Vergänglichkeit ausgebreitet. »Friedrichstraße« ist keine Wertmarke mehr. Es ist oft sogar ein Misstrauensvotum. In nächster Nähe der Vornehmheit und höchsten Eleganz, die in den Hotelpalästen »Unter den Linden«, in den internationalen Luxusstätten *Bristol* und *Adlon* gipfelt, kann auch die Modernität zahlreicher Geschäftshäuser und die bewährte Gediegenheit der vielen Juwelenhändler, die sich hier behaupten, nicht über die zweifelhafte Bazareleganz dieser Straße hinwegtäuschen, in der der Ramschwarenhändler sich auf Kundenfang verlegt. Der Ramschhandel greift immer weiter um sich, die Billigkeit wird immer mehr zum Signum. Selbst der Liebesmarkt steht unter dieser Tendenz.

Wäre die Friedrichstraße nicht der natürliche Kanal, der den Fremdenstrom des Fernbahnhofs aufnimmt und in die Stadt weiterleitet, so müsste ihr die

Nachbarschaft der monarchischen Repräsentation fatal werden, so müsste sie absterben, denn der demokratische Westen, in dem die »neuen Herren« wohnen, entzieht ihr die Lebenssäfte. Auch kommt ihr noch die alte, ererbte Anhänglichkeit der Provinz zugute, für die sie eben ein Begriff geblieben ist, wo sie durch die Berichte der Väter für die Söhne eine schöne Legende geworden ist. Doch immer weniger werden der großstadtscheuen Provinzler, die ihr Similiglanz anzuziehen vermag. Und doch – noch immer hat sie auch für den gewandteren Vergnügungssucher, für den auf amüsante Sensationen lüsternen Freund des Nachtlebens einen gewissen Zauber sich bewahrt. Man macht ihr stets noch einen Anstandsbesuch. Man erwartet zwar nicht mehr zu viel von ihr, man macht sich keine großen Illusionen über sie, aber man bringt ihr noch eine kleine Neugierde entgegen.

Immerhin haben die Vergnügungen, die sie bietet, einen gewissen musealen Reiz. Es ist schon belustigend, von den Linden her durch die »Passage« zu streifen, durch diesen glasüberdachten Durchgang mit seinen aneinander gereihten, bunten Auslagen, die eine Schreckenskammer des Kitschs von gestern bilden, stark mit Erotischem gemischt, durch den der rege Geschäftssinn auf die schwachen Seiten unserer Väter spekulierte, auf die abseitigen Sehnsüchte der bürgerlich streng erzogenen Jugend, auf die Renommiersucht

Programmheft der Haller-Revue, 1929.

des Provinzlers, der nach Berlin kam, der mit schlechtem Gewissen und fadenscheinigen Rechtfertigungen vor sich selbst »Sensationen« suchte oder sich kaufte, die er in der Sphäre seiner sonstigen Existenz ableugnete oder im Brustton der Überzeugung ablehnte und bekämpfte. Alles gibt es dort zu kaufen und zu sehen, zu »nie dagewesenen Preisen« und unter den verwirrendsten Etikettierungen. Von der Aufklärung im Bilderautomaten bis zur Bernsteinkette für den Fetthals der daheimgebliebenen würdigen Gattin, vom Pariser Aktphoto und der »pikanten Geheimaufnahme« im Stereoskop bis zur auf Zelluloid gemalten Madonna Raffaels, vom üblichen Großstadtkitsch bis zur Wachsfigur im anatomischen Museum, alles ist da, an dieser aufdringlichen Schaustätte des zusammengedrängten Kitsches der Weltstadt, deren Zugänge flankiert werden von den Nymphen dieser Gegend, die in den Seitenstraßen ihre Quartiere haben.

Jenseits der »Linden«, bis zur Spree, zum Bogen der Stadt- und Fernbahn, ist der Verkehr auf schärfstes Tempo, auf atemlose Eile eingestellt, auf das Furioso einer unbedingten Geschäftigkeit. Aber abends flammen hier die Lichtfassaden zweier der größten Vergnügungsstätten auf, die schon vor Jahrzehnten zum provinziellen Verruf der berlinischen Sündenhaftigkeit beitrugen und die bevorzugten Wallfahrtsstätten der Lebewelt und aller, die sich dazu zählten, waren. Im *Admirals-*

palast residiert wieder Haller, der König der Revue, der zaubermächtige Kommandeur von hundert Girlbeinen. Hier hat Kainer seine Ausstattungsorgien gefeiert und tut es wieder, hier sind Kaskaden nackten Frauenfleisches unter Scheinwerferstrahlen über die Bühne geworfen worden, gegen die die Fleischesherrlichkeit von Rubens »Jüngstem Gericht« verblasst.

Im gleichen Hause ist das »Admiralsbad« installiert, von dessen Pracht und Luxus früher der Reisende Wunderdinge zu berichten wusste. Heute ist sein wilhelminischer Pomp überlebt, keine Sehenswürdigkeit mehr wie einst, besteht es noch zweckmäßig im Dienste der Körperpflege, bietet es seinen Gästen alle Arten von Bädern, die es nur gibt.

In nächster Nähe, wenige Schritte in die Dorotheenstraße hinein, der *Wintergarten*, der in den Jahrzehnten nichts von seinem Weltruf verloren hat. Die größten Varietéstars der Welt sind über seine Bühne gewirbelt, haben hier Spannung und Atemlosigkeit verbreitet, haben hier ihre Lorbeeren geerntet. Der Name ist ein Signum.

Von hier über die »Linden« zur andern Friedrichstraße. Hier dämpft sich tagsüber die Gehetztheit der Passanten, hier kommt in ihre Schritte ein Ritardando, hier springt man nicht vom Bürgersteig auf den Damm, um die andern zu überholen. Einst waren die Bürgersteige hier nachts gedrängt voll, jetzt geht's sich gemächlich und ohne Drängeln. Mit Lichtarmen greifen die vielen Vergnügungsetablissements nach den Passanten, mit pikant arrangierten Schaukästen locken sie und verheißen »unerhörte Sensationen«, versprechen Dinge, die früheren Generationen Spaß machten und zu denen noch heute Provinzler mit stiller Beklommenheit sich hinschleichen.

Menschengedränge, dichtes, echtes, weltstädtisches zeigt die Friedrichstraße heute nur noch, wenn Büros und Geschäfte schließen, denn sie ist Geschäftsstraße im wahren Sinne. Die rapid aufwuchernde Filmindustrie besetzte den ganzen südlichen Teil. Das Zeitungsviertel dehnte sich in seinem schnellen Wachstum nach ihr hin aus. Die hohen Bauten beherbergen Hunderte von Büros mit klappernden Schreibmaschinen. Und daneben die Unzahl von Kaffeehäusern, Kabaretts, Tanzdielen. Aber, wie schon gesagt, ist das gar nicht mehr das typische Berlin, das man hier serviert bekommt. Hier ist eine große und gewiss nicht schlechte Industrie, die von und für die Neugierigen existiert. Hier spielt man mit billigem Aufwand für die Scharen der Gut- und Leichtgläubigen die Komödie vom »Sündenbabel Berlin«. Was hier gemimt wird, ist nur für die durchreisenden Fremden inszeniert. Und wer genauer hinsieht, der durchschaut es auch.

Die Abenddämmerung nimmt der entzauberten Straße etwas von ihrer Nüchternheit, sie versöhnt uns mit der schreienden Grellheit der Reklame, die sich an ihren Häuserfluchten breit macht. In den Cafés stimmen die Kapellen ihre Instrumente, Fetzen schmissiger Musik wehen durch die Türen. Drinnen schleiert diskretes Licht über die Gesichter. Männer mit verwitterten, schiefgedrückten Hüten drücken dem Dahinschlendernden kleine Zettel in die Hand mit der Ankündigung obskurer Lokale. Zeitungen und Skandalbroschüren, Schlagertexte und erotische Zeitschriften werden ausgerufen. Bettler schieben sich durch die Menge, beziehen ihre Posten für die abendlichen »Geschäftsstunden«.

Unter den aufblitzenden Bogenlampen schwanken die Mammutleiber der Autobusse dahin. Dazwischen flitzen schnelle Limousinen und Cabriolets, und in den Lärm der Straße heulen ihre Hupen. Die Mädchen, die uns an den Straßenecken den Teppich ihres Lächelns vor die Füße legen, während sie uns mit ein paar sicheren Blicken auf unsere Eignung als »Kavalier« taxieren, verkörpern die Erotik der City in allen Jahresklassen. Aus den Seitenstraßen winken einladend die Schilder und Laternen der Hotels und Pensionen, die für Tage, Stunden und Minuten in allen Stockwerken ihre Kemenaten anbieten. In trauter Nähe mit ihnen locken die zu allen Stunden des Tages geöffneten und ihre Dienste anpreisenden Massage- und Maniküresalons.

Friedrichstraße, Ecke Dorotheenstraße, um 1930.

Zuweilen vibriert das Pflaster vom unterirdischen Dahinrasen der Untergrundbahnen. Um Mitternacht speien die Revuetheater, in denen Girls aus keuscher Gymnastik ein erotisches Geschäft gemacht haben, ihr Publikum aus. Dann pulst das Leben der Straße wieder stärker. Dann staut sich die Menge vor den portierenverhängten Türen der Tanzdielen und in den Bars füllen sich die hohen Stühle und klappern die Gläser. »Spanner« schieben sich in Tuchfühlung an die männlichen Alleingeher heran und flüstern ihnen zu: »Nachtlokal – Spielklub – Nackttänze …« Und noch später in der Nacht rollen die Autos des snobistischen Westens heran, um unermüdliche Nachtbummler, die den Reiz der Gegensätze lieben, zu den schon historisch gewordenen Amüsements der alten Friedrichstadt zu führen, hier die Nacht zu beschließen.

Ganz Neuzeit, ganz Gegenwart, ganz antipodische Welt ist im Westen jener kilometerlange Straßenzug zwischen Wittenbergplatz und Halensee: Tauentzienstraße–Kurfürstendamm. Zwei Schenkel eines stumpfen Winkels, die bei der Gedächtniskirche zusammenstoßen. Hier ist Berlins Boulevard. Alles, was ein Mensch des zwanzigsten Jahrhunderts an Bedürfnissen und Genüssen zu befriedigen hat, das bietet sich ihm auf dieser Wegstrecke, wo die Häuser rechts und links hinreichend weit genug zurückgewichen sind, um auf breiten Bürgersteigen den eiligen, gehetzten Großstadtmenschen das Vergnügen am Flanieren entdecken zu lassen. Hier setzt sich das sprichwörtlich gewordene Berliner »Tempo« in eine fast romantisch anmutende Gelassenheit des Gehens, in eine löbliche Nonchalance des Dahinschlenderns um.

Weit ab von den Bahnhöfen, den Einfallspforten der Fremdenkarawanen – nur Bahnhof Zoo ist nicht fern –, bleibt diese Straßenzeile Domäne der Einheimischen und so wird ihr Bild nicht durchfleckt von außenseiterischen Elementen. Der Fremde muss erst ein wenig heimisch werden in Berlin, bis er hierher vorstößt, hierher sich zurechtfindet. Diese vielleicht berlinischsten Straßen des modernen Berlin wollen erst entdeckt werden.

Noch vor einem Jahrzehnt beschränkte sich der intensive Verkehr auf die Tauentzienstraße, um dann Schritt für Schritt westwärts vorzudringen. Damals war die Tauentzienstraße für den richtigen Berliner mehr, viel mehr als nur eine Straße. Tauentzienstraße – das war, wie der Chronist vermerken muss, ein Begriff von unbürgerlicher Losgelassenheit, einer Sittsamkeit, die ihrer selbst überdrüssig geworden, hier über die Stränge schlug, ein Gefühl von schönen Frauen mit süßen Geheimnissen, ein Duftgemisch von Houbigant und Benzin ... Tauentzien – ein ganzer Komplex von Begriffen hat sich in sorgenlosen Vorkriegstagen um sie gebildet, wovon eine ganze Romanliteratur mit pikfeiner Erotik existierte. Tauentziengirls – das war der Inbegriff einer gewissen Verruchtheit, einer raffinierten Weiblichkeit, einer dämonisch schillernden Perversität. Das war etwas, was man in erotikschwangeren Romanen mit »Sumpfblumen« ansprach und was man als eine Spezialität des berlinischen Sündenbabels klassifizierte.

Die Tauentziengirls von damals sind in die Jahre gekommen und haben heute Töchter, die auf den Sportplätzen mit ihren männlichen Altersgenossen in schönem Kampfe wetteifern. Die Tauentziengirls von damals sind Mütter geworden, wenn sie auch vielleicht dank Bubikopf und Kosmetik aussehen, als wären sie nur die älteren Schwestern ihrer Töchter. Die Tauentziengirls von damals lächeln heute darüber, dass man ihnen als Laster und Verruchtheit nachsagte, was heute so natürlich und selbstverständlich und gar nicht mehr unmoralisch ist. Ihre Extravaganz von damals ist heute ein Gewohnheitsrecht der weiblichen Jugend. Aber vielleicht finden sie, dass ihr verwegener, frecher Flirt damals, wo er noch als eine moralische Ungeheuerlichkeit, eine frivole Provokation der bürgerlichen Sittlichkeit galt, viel reizvoller war als heute ein nicht mehr verbotenes und verpöntes Abenteuer. Sie wissen, dass die Kunst, jung auszusehen, heute wichtiger ist als jung zu sein.

In der heutigen Tauentzienstraße ist immerhin noch mehr Geschäftigkeit als auf dem Kurfürstendamm,

Tauentzienstraße, um 1930.

der mit seinen beiden Baumreihen noch ein wenig sich von dem früheren Charakter der Privatstraße erhält. Die auf den Dächern entlangsausenden Lichtschriften sind längst nicht so aufdringlich wie in der Friedrichstraße, aber auch nicht so diskret wie auf dem Kurfürstendamm. Die Fassaden sind von unten bis oben ganz von Licht überflammt, sie sehen aus wie transparent. In fast allen Stockwerken Geschäfte und Büros, Handels- und Arbeitsstätten. Es ist, als führe der werktätige Eifer aus den Hirnen der Menschen nach Feierabend in die Glühfäden der Glasbirnen und siedete dort in Weißglut. Feine und teure Dinge locken in allen Schaufenstern. Der weiche Sandweg der Mittelpromenade zwischen den Rasenstreifen und jungen Bäumen ist immer fast ganz leer. Wie die Motte zieht auch den Menschen das Licht an. Er streift lieber an den hellen, grellen Scheiben der Läden vorbei, vor denen wählend stets die hübschen, eleganten Frauen des Westens verweilen, allein oder von ihrem Cicisbeo flankiert.

In der Dämmerstunde kommt in das beschwingte Treiben der Straße ein starkes Vibrieren, eine tänzerische Anmut, eine nicht mehr nordische Heiterkeit und Leichtigkeit. Es wird eine Harmonie aus Menschen und schönen Dingen. Aus Untergrundbahnen, Autobussen und Elektrischen, aus Taxis und Privatwagen kommen immer neue Menschengruppen. Schöne Frauen gehen noch einmal über die Tauentzien, bevor sie zum Kaffee, zum Fünfuhrtee, zum Nachmittagstanz verschwinden, atmen auf dem Weg zum Rendezvous noch einmal die prickelnde Atmosphäre. Männer, die zum Nachmittagsjeu eilen, nehmen hier noch einmal das Defilé mondäner Schönheiten ab, mustern die flirtbereite Jugend und fechten im Vorübergehen ein paar leichte Blickduelle aus. Aber auch Bekanntschaften werden angeknüpft, werden perfektuiert, jenes Berliner Genre der Straßenbekanntschaft, die zu nichts verpflichtet, kleine Flirts werden angebahnt nach dem Motto: »Na, wollen wir erst eine Tasse Kaffee trinken?« Wobei es aber manchmal auch beim Kaffee bleibt.

Livrierte Knaben mit schmalen Großstadtgesichtern, deren Blässe das Kolorit der Mietskasernen des Berliner Nordens ist, öffnen, auf Galanterie dressiert, den vornehmen Käuferinnen die schweren Messingtüren der Läden. Sie nehmen den Duft der Pelzmäntel, des Puders und des in Essenzen gebadeten Fleisches, der sie anweht, mit in ihre muffigen Stuben und träumen sich nachts dunkle Ringe um ihre melancholischen Augen. Zuweilen lohnt sich ein kleines Geschenk, zuweilen sieht sie das Auge einer dieser verwöhnten Frauen, zuweilen sogar erwählt sich eine von ihnen in einer romantischen Anwandlung einen Pagen und es wird ein Märchen daraus, aber vielleicht ist es auch etwas anderes …

Die Tauentzienstraße ist eine ausgesprochene Nachmittagsstraße. Sie lebt am stärksten und intensivsten in der Zeit zwischen dem Fünfuhrtee und dem Nachtmahl, sie ist am reizvollsten, wenn hinter der romanischen Silhouette der Gedächtniskirche der Himmel in den kreidig weichen Farben der blaugrünen Dämmerung schimmert und das Licht weiß in die Bogenlampen schießt, wenn ihre bedeutungslosen, nüchternen Seitenstraßen in das heimliche Dunkel versinken, das den peinlichen Aufputz der öden Hausgiebel verwischt und mit ihnen die einladenden Schilder diverser Pensionen und Hotels, wo in einzelnen die Gäste meist nur zu einem kurzbegrenzten Aufenthalt einkehren, oder die Affichen der Dielen, in denen hinter trüben Fensterscheiben noch trübere Wesen ihren »Dienst am Kunden« vollbringen. Freudlose Vergnügungsstätten …

Die gewisse Zweifelhaftigkeit der Seitenstraßen mit ihren gravitätisch dastehenden Bürgerhäusern, hinter deren sittsamer Kulisse sich mancherlei unbürgerliche Immoral verbirgt, neuzeitliche Libertinage Unterschlupf sucht, obwohl dicht daneben doch die behäbigste Gediegenheit haust, diese gewisse Zweifelhaftigkeit ist bedingt durch jene Wesen, die auf der Tauentzien die summierte Erotik, die Perversität, das Laster repräsentieren. Hier nämlich sind die Gefilde der gewalttätigen Venus, hier ist die Promenade der edlen Ritterinnen vom Orden des Marquis de Sade. Im

Lichtfeld der Schaufenster des »Kadewe«, das mit seinem Warenangebot allen Bedürfnissen der modernen Menschheit genügt, ergehen sich jene Spezialistinnen, die ein erotisches Sonderbedürfnis der modernen Männerwelt herangezüchtet haben. Die Normalität kommt in dieser Gegend etwas durch sie ins Gedränge, obwohl auch sie in ganzer Front ihre Posten besetzt hält. Aber die andern dominieren, schon durch die Energie, zu der sie ja beruflich verpflichtet sind.

Wer ohne fetischistische Neigungen ist und von diesen in ihren hohen, bis zu den Knien reichenden Stiefeln dahinstelzenden Damen attackiert wird, der wird sich kaum der Komik, der Bizarrerie, der Skurrilität dieses pfauenhaften Getues der in voller Kriegsbemalung auftretenden Geschöpfe entziehen können, die gegen Kasse (zu erhöhten Preisen!) der begehrlichen Männerwelt die Komödie einer Perversität vormimen, die durch ihren gewerbsmäßigen Betrieb jede Tragik der Entartung verliert. Die grotesken Manöver dieser Frauen, die ihre Annäherungsversuche in schärfsten Kommandoworten, mit den einstudierten Allüren der Domina, der Donna mit der Peitsche vollführen, mögen dem braven Provinzler, der des Menschlich-Allzumenschlichen ungewohnt ist, Schauer des Gruselns über den Rücken treiben, ähnlich denen, die der Naivling in einer Schreckenskammer kennenlernt. Für den andern ist das Laster, wie es sich hier in öffentlicher

Raritätenschau demonstriert, zu festen Preisen (bei zeitgemäßem Rabatt!) anbietet, eine äußerst desillusionierende Angelegenheit. In dieser offenen Anpreisung verliert es seinen letzten Reiz, die ganze Pikanterie des Ungewöhnlichen wird ihm geraubt, es wird zu einem Konfektionsartikel degradiert.

Eine trübe Welt, in der die Perversität marktgängig geworden, in der sich eine gewisse Weiblichkeit auf Messalina und Theodora frisiert und sexuell entgleiste Bürger für ein paar Reichsbanknoten sich einen Passepartout für neronische Irrwege leisten, nach ortsüblichem Tarif cäsarische Gelüste befriedigen können. Daran ändern auch nichts die vielleicht als Meisterstücke der Schuhmacherkunst beachtenswerten, in Gold, Rot, Giftgrün und andern Farben schillernden Stiefel der Mädchen, die die Ecken der Ansbacher- und Passauer Straße zieren und zu einer Sehenswürdigkeit für Fremde machen, denn sie manifestieren nur den Ungeschmack des Liebeshandwerks, das trotzdem seinen goldenen Boden längst verloren hat.

Mehr als Verkehrshindernis denn als Andachtsstätte dem weltlichen Treiben der sich hier kreuzenden Straßenzüge entgegenstemmend, zeigt die Gedächtniskirche ihre unzeitgemäße Romantik. So wild umkreist von starkem Augenblicksleben ist kaum eine zweite Kirche der Christenheit, das Vakuum feierlicher Stille in starken Mauern gegen den unheiligen Lärm der

Welt verteidigend. In hartem Gegenüber sieht sie eine profane Stätte, die Auflehnung gegen ihren Geist beherbergt, die Weltlichkeit des Geistigen und seine Revolutionierung verkündet. Es ist das Asyl der Berliner Bohème, seit Untergang des *Café Größenwahn* einzige Zuflucht aller auf- und untergegangenen Künstler, aller zentralen und peripheren Existenzen des geistigen Lebens. In dieser vollkommenen Demokratie des Geistes fallen alle Klassenunterschiede im schillernden Durcheinander des Illusionismus, des geistigen Narzissmus und Exhibitionismus. Neben Tischen, an denen sich der teils bewundernden und der teils kritischen Neugier einer neidvollen Kollegenschaft die Arrivierten und Prominenten ihres Faches brüsten, stehen in gleicher Selbstverständlichkeit jene andern, die man als die Inseln der verlorenen Seelen ansprechen könnte. Hier schwelgt die Arrieregarde des Ruhmes in der Erinnerung an die Möglichkeiten des Aufstiegs, die sie versäumt hat oder die ihr eines Tages der Zufall vielleicht noch einmal zuwerfen wird.

Im summenden Lärm des Cafés, dessen Zufallsname *Romanisches Café* vielen der Gäste ein Stigma geworden ist, wo die Duldsamkeit der Kellner den Habitués souverän erlaubt, zu verweilen, auch ohne etwas zu genießen oder sich mit einem Glas Gratiswasser zu begnügen, wird der Geist des internationalen Journalismus aus unzähligen Zeitungsblättern in die Köpfe abgefüllt.

Romanisches Café, um 1925.

Finger und Hirne färben sich an der Druckerschwärze der Gazetten aller europäischen Rotationspressen. Die absurdesten Welt- und Lebensanschauungen werden hier mit verblüffender Hirnfertigkeit zu Intellektualitäts-Cocktails gemixt, berauschend, aber unbekömmlich. Vielen der Gäste muss die reichliche Geistesnahrung aus den Zeitungen das mangelnde Abendbrot ersetzen, wenn nicht ein gelungener Pumpversuch bei einem glücklicheren Kollegen ihre ökonomische Widerstandsfähigkeit gestärkt hat. Die Schnorrer-Kunst soll in diesem Lokal geniale Vertreter gezeitigt haben.

Das *Romanische Café* ist die verkörperte Geschichte des zeitgenössischen Berliner Geisteslebens. Das Panorama der Gesichter, die man in scheinbar willkürlicher und tatsächlich doch nach einem inneren Gesetz des Ortes bestimmten Gruppierung zu sehen bekommt, ist eine lebendige Illustration zur künstlerischen Bewegung der Gegenwart. Hier tagt in Permanenz in allen ihren Schattierungen, von der äußersten Rechten bis zur krassesten Linken, die Nationalversammlung der deutschen Intelligenz, die man durch so viele Verdächtigungen um ihren Kredit zu bringen versucht hat. Es ist wohl nicht zu viel behauptet, wenn man sagt, dass hier eine der Herzkammern von Berlin sei (das so viele Herzen haben soll). Aber die Schläge dieses Herzens sind meist sehr unregelmäßig, das Herz ist etwas neurasthenisch.

Um die Gedächtniskirche ein Kranz von vornehmen Gaststätten und Luxuskinos, alle bis ans Dach abends in die Lichtgarben ihrer brennenden Reklamekleider gehüllt. Hier trubelt das Leben so aufregend und gehetzt, dass man schon in den grellsten Farben schreien muss, um gehört zu werden.

Und während rechts die Hardenbergstraße bis zum Bahnhof Zoo noch mit ihrer pompösen Breite und Helligkeit, mit ihrem Menschenstrudel und ihren U-Bahn-Ausgängen Belebtheit vortäuschen kann, um aber sehr bald in abendliche Stille zu versinken, öffnet sich links der echte Berliner Boulevard, um dessen hohe Baumkronen Lichtdünste weben, auf dessen Fahrbahnen ununterbrochen die endlosen Ketten der Autos dahinstoßen, auf dessen breiten Gehsteigen ein unruhiges Schieben von Menschen ist. Der Kurfürstendamm ist Berlin, das heutige, das lebendige, gegenwartssichere Berlin. Die Sprachen aller Nationen, die Dialekte aller Stämme schwirren hier in einem babylonischen Gewirre durcheinander. In allen Idiomen singen die Kehlen der Frauen, die ihre angemalten Gesichter in die hohen Krägen ihrer Pelzmäntel drücken. Es soll hier auch sogar Berlinisch gesprochen werden. Wenn irgendwo, so kann man hier von Nachtleben sprechen, denn hier lebt die Nacht, hier entwickelt sie ihre ganze intensive Lebendigkeit, hier fängt das Leben mit der Dämmerung an und endet erst mit der Dämmerung, und zwischen

Abend und Morgen wandelt hier eine Menschheit, der das Leben leicht geworden zu sein scheint. Man sieht in den Augen nichts als den Abglanz dieses leicht gewordenen oder leicht genommenen Lebens. Man sieht auf den Gesichtern nichts als seine Schminke, die in den lautesten Farben der Lebensfreude blüht. Die Lebenslust ist diesen Menschen gleichsam ein Bekenntnis, eine Weltanschauung geworden. Und ebenso die Schönheit. Der Wille zur Schönheit ist in allen Lebensäußerungen dieser Straße, dieser Menschen. Nur der Schönheitsbegriff, den sie demonstrieren, ist individuell graduiert. (Und hätten die Affen einen Schönheitsbegriff, wie würde der für uns aussehen?!)

Der Kurfürstendamm – das ist das Schaufenster Berlins. Und auf Schau ist alles eingestellt. Wer hier flaniert, will sehen und gesehen werden, will – eingeknöpft in den flanellweichen, behaglichen Mantel der Anonymität – Kontakt gewinnen mit der Mitmenschheit, sucht die Nachbarlichkeit der Unbekannten, die mit ihm dieselbe Luft atmen und denselben Asphalt treten. Der moderne Mensch hat das Talent zur Einsamkeit verloren, er flüchtet in die Masse, vielleicht, weil er inmitten ihrer eine andere Einsamkeit erlebt. Der weibliche Exhibitionismus feiert hier Orgien. Das Geltungsbedürfnis expansioniert. Was wäre die Frau, wenn sie keine Zuschauer hätte? Sie muss sich zeigen, sie muss wissen, dass sie gesehen wird. Der moderne weibliche

Exhibitionismus wirkt eugenetisch. Die Frauen werden schöner, weil sie sich unbefangener und unverhüllter zeigen. Das gilt körperlich sowohl als seelisch. Und die Berlinerin – sie mag geboren sein, wo sie will, sie ist doch Berlinerin – hat in kurzer Frist die artige Kunst, sich zu zeigen, gelernt, sie hat ihre bourgeoise Befangenheit überwunden, sie hat ihre Ungrazie abgestreift, sie ist Dame geworden. Und ihre Damenhaftigkeit ist kein Firnis, der im ersten Wettersturm eines Abenteuers schwindet. Sie geht tiefer als bis zur Epidermis. Der Protestantismus mit seiner pedantischen Haltung ist entwichen, nur in peripherischen Vororten will er sich noch behaupten, wo der »saubere Bürger mit der allzu abgebürsteten Kleidung und der allzu gründlich gestreiften Wäsche« noch dominiert, der monarchische Rentenempfänger der jungen Republik.

Der Kurfürstendamm ist die jugendlichste Straße Berlins, die frische Blutader des neuen Westens. Hier herrscht die Jugend, und unter ihrer Devise verjüngt sich, was die Grenzen eigentlich überschritten. Die reifende Weiblichkeit beginnt hier, süchtig nach Lebenslust, ihr heiteres »Embarquement pour Cythère«. Die Schiffe, auf denen sie ihre Fahrt beginnen, sind stabiler geworden als zu Watteaus Zeiten, aber die Wimpel wehen ebenso lustig und zuversichtlich im Winde, obwohl es vielleicht mehr und gefährlichere Klippen zu umschiffen gibt. Die jugendlichen Gestalten des Kurfürstendamms sind nicht mehr so zerbrechlich und blutleer wie die, die uns einst auf der Tauentzien begegneten. Sie haben auf den Sportplätzen und in den Wassern der Havelseen ihre Muskeln gestählt, im durchsonnten Ufersand ihr Blut geglüht und ihre Lungen in den märkischen Kiefernwäldern gestärkt. Ihre Wangen wetteifern mit dem Rot der Schminke, ihre Lippen sind nicht blasser als der Lippenstift und sie können auf die kosmetischen Behelfe meist verzichten, wenn es nicht gerade Mode wäre, sich zu schminken und die Kosmetik mehr geschätzt würde als die Natur. Der amerikanische Flapper hat die Natur diskreditiert und man glaubt, sein Vorbild nicht ignorieren zu können.

Zur Anmut ihrer Haltung hat die Berlinerin des Westens ein adäquates Talent entwickelt in der Schulung des Mannes, der sich ihr galant als Minnediener attachiert. Das Cicisbeat ist unter ihrer geschickten Hand zu einer seltenen Vollkommenheit ausgebildet worden, und auf dem Kurfürstendamm und in seinen Vergnügungsstätten führt sie mit lächelnder Eleganz die gelungenen Resultate ihrer pädagogischen Fertigkeit vor. Die geselligen Neigungen der Frauen lassen sich heute unmöglich im Kreise der Geschlechtsgenossinnen befriedigen, sie bedürfen zu deren Entfaltung des männlichen Partners. Früher begnügte man sich mit dem Schoßhund, aber das Bedürfnis nach Kameradschaft ist anspruchsvoller geworden, und man benötigt im Zeitalter der Assimilierung der Geschlechter eines geistigen Gegengewichts. Die Frauen sind dahinter gekommen, dass es viel reizvoller ist, mit einem Manne die Reihe der Freundinnen durchzuhecheln, ihn zum Vertrauten ihrer Heimlichkeiten zu machen, mit ihm ein wenig zu lästern und zu klatschen, sich von ihm mit den Neuigkeiten der Gesellschaft versorgen zu lassen, und dass er auch beim Shopping ein zuverlässigerer Berater und Begleiter ist als die Freundin. Das macht die Frau als Einzelerscheinung im Straßenbilde viel seltener und auch in den Kaffeehäusern sitzt sie darum fast ausschließlich in männlicher Gesellschaft oder in deren Erwartung. Damentische sind fast zur Rarität geworden.

Das erleichtert den Damen, die als Professionels den Kurfürstendamm frequentieren und nach zahlungsfähigen Begleitern Ausschau halten, die Unterscheidung, denn sie müssen sich schon erhebliche Mühe geben, um nicht mit ihren Geschlechtsgenossinnen, die hier als Amateurinnen flanieren, verwechselt zu werden. Früher war die Schminke ein Etikett, aber sie ist heute ein kosmetisches Uniformstück des weiblichen Geschlechts geworden.

Das mit dem Nachmittagstee beginnende Nachtleben des Kurfürstendamms, der den Berliner Amüsierbetrieb modernster Fasson und mondänsten Zuschnitts zentralisiert und der City das Wasser abgegraben hat, bevölkert die Unzahl der Cafés, Weinstuben, Grill-

Rooms, Kabaretts, Austernstuben, Bars und Kinos. In der wärmeren Zeit findet die hübsche Gepflogenheit der Kaffeehäuser und Gaststätten, ihre Gäste in den auf den breiten Bürgersteig hinausgesetzten Tischchen zu bewirten, begeisterte Anhänger. Man kann gelassen und in aller Ruhe die Flanierenden defilieren lassen und ist um eine mit mokanten Glossen gewürzte Unterhaltung nie in Verlegenheit. Bei *Reimann* imitiert man Paris und stellt den Besuchern, die den Vorgarten dem gemütlichen durchwärmten Innenraum auch in der kühleren Jahreszeit vorziehen und sich selbst durch ein Schneegestöber nicht daraus vertreiben lassen wollen, nicht nur kräftige Wolldecken zur Verfügung, auch kleine Koksöfen geben Wärme oder wenigstens Illusion davon.

Bei *Roberts,* wo inmitten der blitzenden Sauberkeit von Glas und Nickel die kessen Blondinen und Brünetten in weiß garniertem hellblauem Dress blitzschnell bedienen, kann man sich mit fabelhaft gemischten amerikanischen Eisdrinks das Innere auskühlen, kann man die schmackhaften Vorzüge der Prohibition über die Zunge schlürfen oder aber sich zum Alkohol in jeder Mischung bekehren und sich als Spezialität in voller Freizügigkeit die köstlichsten Horsd'œuvre servieren lassen. Von der Milch bis zum raffiniertesten Cocktail ist der Barmaid kein menschlicher Wunsch fremd und man wird mit derselben Liebenswürdigkeit vegetarisch-rohköstlerisch oder fleischfresserisch behandelt. Keine mathematischen Schwierigkeiten zerstören das freundliche Girllächeln der Bedienerinnen, denn man zahlt ja erst am Ausgang, was als Verzehr auf dem Ticket gelocht ist.

Den Internationalismus Berlins bekundet am deutlichsten der Kurfürstendamm. Nicht allein in seinem Publikum. Auch in der nationalen Färbung der Gaststätten. Mit zwei Stockwerken das große *Café Wien* die Kaffeeküchen-Kultur der Donaumetropole, die auch auf diese Weise eine Brücke bildet zwischen dem Abendland und dem dem braunen Gifttrank ergebenen Orient, der heute Mokka mehr ehrt als Mekka. Zwar ist die Güte des Getränks noch nicht durch den Import des in seiner Beschaffenheit unerreichbaren Wassers der Mutterstadt erreicht, aber was Menschenkräfte vermögen, das leistet der Kaffeekoch des Cafés, in dem sich gern die nach Berlin versprengten Söhne der Donaurepublik versammeln, um dem unsterblichen Geiste der Mutter Sacher und ihrer lobenswerten Torte zu huldigen. Im *Café Heßler,* an der Abzweigung der Kantstraße von der Gedächtniskirche, verkehrt die ungarische Kolonie, deren Nation am Kurfürstendamm selbst mit zwei andern Unternehmungen vertreten ist: *Zigeunerkeller* und *Weisz Csardas*. In Ersterem ist die Musik, in Letzterem der Gulasch ungarischer, in beiden gibt der Paprika das nationale Kolorit. (Liebhaber

Café Reimann am Kurfürstendamm, um 1925.

der ungarischen Küche sollten übrigens einen Besuch bei *Weisz Csardas*, auf dem Kurfürstendamm oder im schlichter, aber echter wirkenden Stammhause in der Kommandantenstraße, nicht versäumen.)

Ein paar Schritte über den Schnittpunkt der Uhlandstraße hinaus kann der Feinschmecker die Leckerbissen der italienischen Küche erproben, kann er in der unsterblichen Sprache des Dante und des launischeren Boccaccio, dem noch kein mussolinisch-sittenstrenger Faschismus den frivolen Geist verbot, das Register des Wohlgeschmacks studieren und bei mangelnder Sprachkenntnis unter der diskreten Assistenz des Oberkellners sein Menü zusammenstellen. Keine Musik stört ihn hier in seiner Beschaulichkeit, lenkt seine Andacht ab. In der Intimität des Raumes, dessen einladende Behaglichkeit dem *Ristorante Venezia* fast den Charakter einer Privatwohnung verleiht, begegnen wir den vertrauten Gesichtern jener Berliner, deren Anwesenheit das Wirken eines trefflichen Küchenchefs verrät. Vom schlichten roten Landwein bis zum gelben Orvieto ist der in den bauchigen Fiaschi servierte Chianti von ausgezeichneter Güte.

Wem die feierliche Goldkulisse eines zwischen Boudoir und Kapelle gehaltenen Raumes den Wohlgeschmack des Kaffees erhöht, der wird sich in den mit Goldkacheln auch an der Fassade verschwenderisch ausgestatteten *Uhlandeck* wohlfühlen.

Gegenüber reizt die *Kaffee-Plantage,* weit bescheidener, mit ihrer exotischen Garnierung. Hier kann man sich von braun livrierten Mädchen einen ganz köstlichen Viergroschenkaffee zwischen Bambusrohren und tropischen Dekorationen servieren lassen. Will man sich nach Montmartre träumen, lässt man sich in dem kleinen Separee auf künstlich-schließigen Polsterbänkchen unter dem Plakat Toulouse-Lautrecs und zwischen den heiter hingehauenen Kleckserеien anonymer Genies nieder, wo ein Grammophon ältesten Systems abgegriffene Schlager durch seinen Blechtrichter leiert. Schäbigkeit ist hier zum System erhoben und buhlt raffiniert um Wirkung.

In einem anderen Raume, wo Landkarten alten Stils, wie Vasco da Gama und die Konquistadoren sie zu ihren verwegenen Abenteurerfahrten benutzten, die Wände bedecken, lässt man sich auf Kaffeeballen nieder und eine Treppe höher kann man sich unter den Wimpeln aller Nationen sogar in der Bar auf Liegestühlen faul ausstrecken, um seinen braunen Trank zu genießen. Eine enge Schiffskajüte lädt seitlich Paare, die dem Absonderungsdrange nicht widerstehen können, zum Verweilen in schummrigem Lampenlicht ein. Wer diesem Treiben abhold, seine guten Beziehungen zu Fortuna auf die Probe stellen will, der findet in einem anderen Raum die Tische zum Spiel bereitet, aber er gebe sich nicht der Hoffnung auf verbotene Freuden hin. Glücksspiele sind verboten, aber man kann sein Geld auch auf erlaubte Weise verlieren.

Das Stammpublikum der *Plantage* ist die westliche Jugend. Ältere treten nur gastspielweise in Erscheinung. Mit seinen Hornbrillen ist der Intellektualismus zahlenmäßig stark vertreten. Dazwischen Monokelmädchen mit stark betontem maskulinem Einschlag, die aber ihre weibliche Vorliebe für die köstlichen Schöpfungen des genialen Budapester Zuckerbäckers Floris nicht verleugnen können. Nur die Polizeistunde scheucht die hier zwischen bunten Draperien, zwischen grell-scheckiger Maskierung, zwischen tropischen Spielereien schwatzende und flirtende Gesellschaft von ihren Stühlen, als gäbe es keine Sorgen, kein Morgen mit neuer Arbeit, kein Leben mit seinen harten Ansprüchen.

In der Nähe der *Plantage* verebbt das Nachtleben des Kurfürstendamms. Vereinzelt nur gibt es noch Vorposten des Vergnügungszentrums in dem stiller und dunkler werdenden Teil des Straßenzuges, kleine Lichtoasen, vor denen Autos parken und auf ihre Insassen warten, Bars und Dielen, die ein Stammpublikum haben oder die man auf dem Heimweg noch einmal anfährt, um vielleicht zu finden, wen man nicht sucht.

AUFTAKT ZUM NACHTLEBEN

Nachmittagstee der großen, der kleinen und der halben Welt

Zwischen Tag und Abend gibt es jene weiche Zwielichtstunde, die für die Sinne den unwiderstehlichen Reiz des Unbestimmten, des Lockenden, des Geheimnisvollen hat, jene Stunde, die für viele Frauen gefährlicher ist als ihr Herz und die hinreißender ist als der verwegenste Verführer. Es ist die Stunde der Träumerei in warmen Zimmerwinkeln, es ist die Stunde der heimlichen Besuche und der Rendezvous. Die Zentralheizung hat ihr zwar die Romantik der glühenden Holzscheite in den Marmorkaminen geraubt, aber an die verhängten Lampen und ihren süßen Zauber hat die Elektrifizierung der Beleuchtung nicht gerührt.

In dieser erotischen Stunde, die so intensiv zur Liebe einzuladen und für die Liebe gemacht zu sein scheint, in der Hera als Hüterin der ehelichen Treue wohl am häufigsten ihre Gesetze übertreten sieht und die Erschütterung moralischer Grundsätze zu einem Erdbeben anwächst, in dieser Stunde kann man den

Auftakt zum Nachtleben der Großstadt sehen. In dieser Stunde duldet es heute die Frau von Welt und die, die ihre Allüren kopiert, die ihre Lebenslust ausleben und ihrem Geltungsbedürfnis genügen will, nicht mehr im Hause, wenn sie nicht dort selbst Gäste empfängt oder eine intime Plauderstunde absolviert.

Dieses Bedürfnis der Frauen nach Abwechslung und Zerstreuung, nach Geselligkeit, Licht, Musik, Tanz und Bewunderung, ihre Schaulust und Lust, gesehen zu werden, hat die Einrichtung der Fünfuhrtees geschaffen. Die Frauen aller Klassen, soweit sie nicht werktätig und berufsgebunden sind, soweit sie über nachmittagliche Mußestunden verfügen, beweisen diese Neigung, sie sind glühende Verehrerinnen der Teemusik, sie sind die Protektorinnen der zahllosen Dancings, die nachmittags ihre Pforten öffnen. Was Berlin an hübschen, eleganten, lebenslustigen Frauen besitzt, das ist in diesen Räumen anzutreffen, das ist ihr Stammpublikum. Viele beweisen auch hier ihre Unbeständigkeit und Flatterhaftigkeit und erweisen heute dem, morgen jenem Lokal ihre Gunst, immer auf der Suche nach Überraschungen, nach Sensationen, nach Abwechslung.

Die Avantgarde der großen und der größeren Welt bevorzugt die durch den Glanz ihres Namens ausgezeichneten Nachmittagstees in den großen Hotelhallen. Sie trifft hier die Repräsentantinnen ihrer Kreise, deren Umgebung sie zu ihrem Wohlbefinden bedarf.

Aber die Berlinerin ist diesem Klassengeiste nur vereinzelt verfallen. Sie ist zu sehr kosmopolitisch eingestellt, um törichte Abgrenzungen zu sanktionieren und den Glauben zu hegen, dass Klassenzugehörigkeit den Persönlichkeitswert beeinflusst, dass sie den Einzelnen hebt oder erniedrigt. Wenn sie Exklusivität sucht, geht sie in ihren Klub. Aber der Rahmen und Raum des Klubs ist den meisten Frauen zu eng, besonders wenn sie jung, hübsch und elegant sind, wenn sie sich in den bewundernden Augen der Männerwelt spiegeln, wenn sie sich dem Leben näher fühlen wollen. Zwar ist die Männerwelt auf den Nachmittagstees schwächer vertreten, weil der Mann um diese Stunde noch durch seinen Beruf dem Vergnügen entzogen wird.

Trotzdem gibt es überraschend viele Männer, die in ihrer Eigenschaft als Cicisbeo oder auch allein in der Haltung angenehmer Erwartung beim Tee sitzen und bewundernd oder kritisierend auf diese bunte Revue von Schönheit, Jugend und Kleiderluxus blicken, die sich vor ihnen abspielt, die den prickelnden Reiz all der kleinen Komödien weiblicher Koketterie genießen.

Es ist, als ob die Frauen mit dem Fall der Blätter, den ersten Novemberstürmen und den warmen Pelzhüllen eine zwingende Verpflichtung fühlten, ab fünf Uhr nachmittags Herz und Beine in einer Weise zu betätigen, die den Anforderungen unserer Zivilisation entspricht. Ohne Tanz seinen Tee einnehmen kann man nur in dem an strenger Tradition festhaltenden *Hotel Bristol.* Hier vereinigen sich die Gäste zweier Kontinente, zu denen sich oftmals die Erlauchten anderer Erdteile gesellen, in der aus blondem Zedernholz errichteten Halle treffen sich einzelne der hochbezahlten Stars beiderlei Geschlechts, deren Namen in faustdicken Lettern auf den Riesenplakaten der Litfaßsäulen glänzen. Film, Operette und Theater absolvieren so ihre Rendezvous, treffen Direktoren und Manager und besprechen Privates und Geschäftliches in krausem Durcheinander, mischen pikante Affären und bestürzende Gagenziffern mit demselben Lächeln.

Die prätentiöse Vornehmheit des nahen *Adlon* hat sich eine Zeit lang gegen den Einbruch der modernen Tanzlust in seine geweihten Räume gewehrt, aber seine amerikanischen Gäste offenbarten sie in einem so intensiven Maße, dass es kein Widerstreben gab. Die Halle ist zwar den Ruhebedürftigen vorbehalten, in den Gesellschaftsräumen aber spielt die Jazzband unter Meisterführung zum Tanz. Der feinste Filter schützt, wo die Öffentlichkeit der Veranstaltung hergestellt ist und jeder Zulass findet, der sein Gedeck bezahlt, die Gesellschaft nicht vor dem Einbruch derer, die man nicht zur Welt zu zählen sich herbeilässt. Es gibt keine gesetzliche Handhabe gegen das Parvenütum, das sich geschmacklos breit macht und den diskreten Ton einer Teestunde durch seine Aufdringlichkeit stört. Namen

Tanztee im Garten des Hotels Esplanade, 1926.

verpflichten, und so verbürgen die Häuser für eine gewisse Güte ihres Publikums. Man sehe aber nicht in jeder eleganten Blondine eine englische Lady, besonders wenn sie sehr hübsch ist, taxiere nicht jede Trägerin einer dicken Perlenschnur auf eine amerikanische Millionärsgattin und auch der riesige Smaragd an den schlanken Fingern der Koketten in dem neuen Patoumodell muss nicht unbedingt echt sein, ist vielleicht »Halbedelstein« wie seine Trägerin.

Im *Kaiserhof*, zwischen »Linden« und Leipziger Straße, wo in wilhelminischer Zeit die reisenden Potentaten mit Vorliebe abstiegen, hat der Tanztee schon früh eine Stätte gefunden. Doch der Westen zieht stärker an als die City. Die neuen Tanzstätten um die Gedächtniskirche besitzen magnetische Kraft. Sie sind in einer zeitgemäßeren Eleganz gehalten. Alles ist jünger, auch das Milieu. Nur das *Esplanade*, zwischen diesen beiden polaren Welten, an der Bellevuestraße bewahrt sich noch eine gewisse Anhängerschaft unter den westlich gerichteten Tanzteegästen, die im Übrigen dem komfortablen Edenhotel den Vorzug geben. Für einen Teil der begeisterten Tanzfreunde sind allerdings die Kapelle und ihr Meister entscheidend. Bernhard Ette oder Marek Weber – das ist die Frage. Andere wieder schwören auf eine andere Marke.

Für gewisse Damen, die bei beschränkter Tänzerzahl nicht gleich siegen, wenn sie kommen und sehen oder gesehen werden, mag auch der Eintänzer des Lokales eine Anziehungskraft ausüben und die Wahl entscheiden helfen. Es gab eine Zeit, wo auch in den vornehmsten Gaststätten die Anbringung eines Anschlages mit dem Wortlaut: »Für den Eintänzer kann keine Garantie übernommen werden!« nicht überflüssig gewesen wäre, wobei die Warnung natürlich nicht auf seine tänzerischen Fähigkeiten sich beziehen sollte. Damals blühten die Skandale nur so und es gab unter den Damen in den Fünfuhrtee-Salons ein ständiges Getuschel, jene pikanten Kulissengespräche des gesellschaftlichen Lebens. Die Tanzlust ist inzwischen zwar nicht wesentlich abgeflaut, aber das Bridge hat diesem Vergnügen besonders unter den reiferen Jahrgängen doch viele abtrünnig gemacht. Wer ihm treu geblieben ist oder seine geliebte Bridgepartie auf eine Stunde verlegt, die ihn nicht dem bewegten Dienst Terpsichorens entzieht, der findet im Westen eine Auswahl von Tanzstätten, die allenfalls auf einer Leporelloliste unterzubringen wäre. Wer Abwechslung liebt, wechselt vom *Eden* zur kleinen, aber schmucken *Königin* am Kurfürstendamm, gleich bei der Gedächtniskirche. Hier trifft er meist noch mehr Eleganz an als in der Budapester Straße, aber auch mehr Demimonde. (Es gibt in diesen schlechten Zeiten eine Demimonde, die durch die Kostspieligkeit ihres Unterhalts schon zur Monogamie verurteilt ist, während andrerseits Ehefrauen durch die Kostspieligkeit der Lebensführung zur Polyandrie kommen.) Aristokratische Lebemannstypen mit gutgeschnittenen Köpfen gemischt mit jungen Sportsmännern, die wenig Kopf, aber gutgezogene Scheitel und tadellose Bügelfalten zeigen. Hier ist man nur zum Flirten und zum Tanzen. Der Raum ist fast zu eng für so viele hübsche Beine. Die Wolllust des Gesehenwerdens spiegelt sich auf allen Gesichtern, in allen Gebärden, in jeder Bewegung. Die Frauen können es uns gar nicht deutlich genug machen, dass sie da sind, umworben sein wollen. Der einsame Fremdling spürt die Pein des Wüstenheiligen Antonius inmitten des Höllenzaubers der Versuchungen. Asketische Neigungen sind an der Garderobe abzugeben, da bei deren Abhandenkommen kein Schadenersatz geleistet wird. Wenn Versuchungen zu Versuchen werden, wird es sich erweisen, dass die schönen Erscheinungen keine dämonischen Spiegelungen, sondern Fleisch und Blut sind. Die beiden süßen Blondinen, die so allein hinter ihren Mokkakännchen sitzen, demonstrieren damit durchaus nicht den männlichen Protest. Ihre Einsamkeit ist nur Verführungsversuch zur Geselligkeit. Sie blicken lächelnd herüber. Die Unterhaltung ist eröffnet …

Der Geselligkeitsbetrieb der Berlinerin (»Rund um die Gedächtniskirche wird jede schöne Frau zur Berlinerin«, hat einmal jemand gesagt), der unter dem Vorzeichen einer andern Geistigkeit einst Salons gründete und berühmt machte, macht heute die Teesalons zu einem angenehmen Aufenthalt. Das Privatleben des modernen Menschen ist ja überhaupt mehr und mehr in die Öffentlichkeit verlegt worden. Wer ist heute noch zu Hause anzutreffen?

Soll ich Ihnen noch andere Lokale nennen, wo der Fünfuhrtee eine Schau reizvoller Frauen ist? Da ist das elegante *Palais am Zoo,* da ist die um mondänes Milieu bemühte *Barberina,* die mit allen Finessen heutiger Innenarchitektur ausgestattete Gaststätte *Broadway* an der Kantstraße, dicht beim Bahnhof Zoo. Auch *Casanova* im Hause der Scala an der Lutherstraße hat den Tanztee eingeführt und würzt ihn zuweilen durch gymnastische Einlagen.

Femina, an der Kreuzung von Tauentzien- und Nürnberger Straße, ist Ballhaus großen Stils. Zwei Kapellen spielen hier zum Tanz auf dem elektrisch hebbaren Parkett, um das Eleganz und Schlichtheit in bunter Mischung sich versammelt. Dem Beispiel des *Café Berlin* im pompösen Haus Germania an der Gedächtniskirche folgend, haben die größeren Kaffeehäuser des Kurfürstendamms ihre Teestunden eingerichtet, und selbst über die City hinaus nach Norden und Osten hat man für die Zeit jenes »schlaflosen Zustandes, den man Saison nennt«, diese weltstädtische Institution akzeptiert und so gibt es kaum einen Stadtteil dieser so mannigfaltigen Stadt, wo man am Nachmittag nicht tanzen könnte.

Die Fünfuhr-Frauen

Wir kennzeichneten schon den Fünfuhr-Tee als das Präludium des Nachtlebens. Das nachmittägliche Tanzparkett ist die neutrale Zone, in der sich die bürgerliche Welt und die unbürgerliche Halbwelt begegnen, in der sie sogar rivalisieren. Wer in diesem edlen Wettstreit der Liebenswürdigkeit den Sieg davonträgt, bleibt sichtlich unentschieden. Ich denke, es gibt weder Sieger noch Besiegte; man teilt sich das Feld. Eleganz und Schönheit sind nicht mehr das Prärogativ der Kokotte, die bürgerliche Frau hat ihr diesen Ruhm streitig gemacht. Aber aus dieser Mischung von Bürgerlichkeit und Halbweltlichkeit entstand auf dem Tanzboden der Großstadt ein neuer Typ: die Fünfuhr-Frau. Sie ist andrer Art als die »Femme de cinq heures«, die man aus der Frequenz der Maisons de Rendez-vous in Paris kennt, in ihrer Konkurrenz mit der Halbweltlerin sind die Akzente verschoben. Die Betonung liegt auf dem offiziellen Teil des Programms. Ihre Anschlusspolitik zielt auf die Geselligkeit, die sich in gesellschaftlichem Rahmen abwickelt. Sie ist das Produkt einer dem Gefühlsleben abholden, jeder inneren und äußeren Bindung feindlich gesinnten Zeit, die nur den Partner als Mittel zum Zweck wünscht, und dieser Zweck ist in erster Linie Zerstreuung und Vergnügen, Genuss. Diese Art von Fünfuhr-Frauen und die ihr entsprechenden Männer haben in den Zeitungen einen förmlichen Markt für Nachfrage und Angebot eröffnet. Ihre Inserate haben sich derart gehäuft, dass die Zeitungen dazu übergehen mussten, ihnen eine besondere Rubrik einzuräumen, die mit dem diskretesten Etikett, das man dafür finden konnte, versehen ist: »Geselligkeit«. Vor ein paar Lustren, als die Moral noch etwas rückständig war, benannte man dasselbe mit einem sehr hässlichen Worte und das Gesetz hatte einen Paragraphen dafür, der sehr gefährlich werden konnte. In dem so würdigen »Berliner Tagblatt« sind jeden Sonntag reichlich hundert bis zweihundert solcher und ähnlicher Anzeigen, die deutlich aussprechen, dass man sie nicht etwa mit Heiratsgesuchen verwechseln möge, sondern nur Bekanntschaft suchen und anbieten will.

Vorsichtige Männer weisen schon im Voraus eventuelle Ausbeutungsversuche zurück, andre bekunden sogar, dass sie nicht abgeneigt sind, die Rolle des zahlenden Kavaliers nach modernen Vorbildern der Dame zu überlassen und verweisen dafür auf als Äquivalent in Betracht kommende Begabungen und Eigenschaften. Damen, die sich radikal zur kameradschaftlichen Gleichberechtigung bekennen, bestehen auf »Kassentrennung«, aber ihrer mehr lassen doch keinen Zweifel darüber, dass sie dem »großzügigen« Freunde den Vorzug geben und dass sie eine pralle Brieftasche zu den primären männlichen Tugenden zählen. Das ist vielleicht der echteste Typ der Fünfuhr-Frau. Sie hat den gesamten Fundus der Eleganz, ist hübsch, schick, amüsant, kokett, in allen Sätteln der Bildung gerecht, eine reizende Unterhalterin und blendende Tänzerin, kurz, die Frau, mit der man sich zeigen und Neid erregen kann, die Frau comme il faut. Sie ist nicht bescheiden in ihren Ansprüchen, aber sie hat das Air, das ihre Prätentionen berechtigt erscheinen lässt. Man wird ihr nicht zumuten, im Autobus nach Hause zu fahren. Und so ist es in allen Dingen, denn sie ist sich ihres Wertes bewusst, und dieses Bewusstsein überträgt sie charmant auf ihren Partner. Frauen beanspruchen immer mehr als sie zu erhalten selbst glauben; das ist das Geheimnis ihrer Politik. Aber es gehört für den Mann schon sehr viel Diplomatie dazu, ihre Forderungen zu reduzieren, ohne selbst beschämt zu sein.

Das Gros der Fünfuhr-Frauen, das sich von den Vorurteilen der Dezimalrechnung noch nicht befreit hat, ist bescheidener, in seinem Auftreten wie in seinen Ansprüchen. Es setzt den individuellen Wert des Partners mit in Rechnung, das heißt, die von ihm mitgebrachten und beigesteuerten Gaben der Geselligkeit. Es schätzt die Partnerschaft als solche. Unter ihm gibt es viele Frauen, bei denen eine Teestunde mit Geplauder und Tanz nicht ohne Weiteres andere Verbindlichkeiten und Verpflichtungen involviert. Unbelastet von den Sorgen um das weitere Programm kann ein Flirt

Junge Frau im Romanischen Café, um 1925.

mit diesen Frauen genussreich und anregend sein, ja, die reizvolle Illusion der Kameradschaft aufleben lassen. Sie folgen in ihrem Handeln dem Diktat der Lebenslust, die ihnen jene Spannkraft verleiht, die sie so hübsch und begehrenswert erscheinen lässt, sie beweisen in Kleid und Haltung Geschmack und sind für den Partner selten eine Enttäuschung. Sie haben so viel an den Nebentischen großer Damen verschiedener Kontinente gesessen, dass die Allüren der Welt ganz selbstverständlich in ihr Repertoire übergegangen sind und sie wirken nicht einmal angelernt bei ihnen. Aus welchen Kreisen sie stammen? Gott, man fragt eine Frau heute nicht lange, woher sie kommt. Sie legitimiert sich durch ihre Lebensformen. Was sie sind? Nun, meist wohl Geschiedene, junge Witwen, Junggesellinnen und auch Ehefrauen, die den Trauring zu Hause gelassen haben und mit ihm das Vorurteil, dass dieser Beruf die Verpflichtung in sich schließe, in den Mußestunden das Haus zu hüten und Strümpfe zu stopfen, und dass eine Tee- und Tanzpartnerschaft schon ein Vergehen gegen die heilige Moral sei. So beweisen sie die Möglichkeit neuer Sitten. Berlin ist Weltstadt; ihr Atem stürzt Schranken des Hergebrachten und schafft aus Tempo und Vergnügen die Rast des Eiligen. Sich-finden in Raten, Bruchteile der Lebenszeit in kurzfristigen Anleihen an das Gegebene, Amüsement auf Kündigung.

Tête-à-tête-Abende in den Mokka-Dielen

Andere Formen nimmt die Gepflogenheit der Fünfuhrteestunde da an, wo es den Beteiligten nicht um die Wahrung gesellschaftlichen Rahmens geht, wo die Öffentlichkeit nur faute de mieux besteht, wo sie nur mehr ein Relativbegriff ist. Einem zweifellos bestehenden Bedürfnis Rechnung tragend, das durch die Frequenz bewiesen ist, haben gewisse kleine Lokale in Verkehrs- und Seitenstraßen zur Hebung des Besuches in den stilleren Nachmittagsstunden die Einrichtung von Separees getroffen, in denen zu billigen Preisen Mokka serviert wird. Der »Gedeckzwang« belastet die Börse nicht sehr und nach der Güte des Getränks (die nicht bezweifelt werden soll) fragt der nicht, der dafür das Alleinsein zu zweien genießen darf. Die Logen sind eng und der Vorhang kein hermetischer Verschluss, aber die Kellner sind diskret und zählen darauf, dass ihr Taktgefühl beim Zahlen berücksichtig wird. Wenn das Gedeck serviert ist, erscheinen sie nur auf Wunsch. So erfreuen die sogenannten »Mokkadielen« sich, besonders in der jugendlichen Welt, großer Beliebtheit und die »Knutschlogen« sind zwischen fünf und sieben sehr begehrt. Was man hier sieht, ist nicht eben große Welt. Das kleine Portemonnaie demonstriert hier Lebenslust, Erotik, Donjuanismus kleinbürgerlichen Formats. Kleine Angestellte (Typ: Portokassenjüngling,

Tippmamsell) spielen dem Film abgelerntes Grandseigneurtum, Greta Garbos mit hundertprozentigem Sexappeal markieren den Vamp. Aber es sind auch ältere Herren mit bourgeoisem Embonpoint zu sehen, die ihr kleines Verhältnis hierher führen und ihm mit Generosität imponieren, wenn sie einen Mokka spendieren und dafür ein paar Zärtlichkeiten kassieren. Die Sittlichkeit wird durch diese Einrichtung durchaus nicht gefährdet, und die kleinen Logen vertreten für den Tag die abendlichen Parkbänke, die sich Liebenden zur Rast anbieten. Ein paar nette Nester dieser Art gibt es in der Potsdamer Straße und zahlreiche in der Friedrichstraße zwischen der Leipziger Straße und dem Halleschen Tor.

Was tut sich in den Kaffeehäusern?

Auch der Nachmittagsbetrieb in den Kaffeehäusern ist für viele nur der Auftakt zum Abendvergnügen. Man kann beobachten, dass die Damen die Konditorei, die Männer das Café bevorzugen, dort gibt es die besseren Kuchen, hier die besseren Zeitungen, in einzelnen Cafés gibt es auch Musik, aber die stört entweder die Unterhaltung oder die Lektüre und ist darum gar nicht so beliebt. Einzelne Cafés allerdings wie das *Grand Café* im Femina-Haus an der Nürnberger Straße haben eine Kapelle, um deretwillen man gerne auf Zeitung und

Gespräch verzichtet und damit ein paar Dummheiten weniger erfährt.

Die *Kranzler-Ecke* – an »Linden« und Friedrichstraße – besucht man ihres alten Ruhmes wegen. Sie ist schon historische Stätte. *Café König* gegenüber interessiert durch sein Gemisch aus Großstadt und Provinz. In den Cafés der Friedrichstraße blühen hinter den Marmortischchen die sehr roten Lippen der kleinen Mädchen, die auf ihre Weise einen Partner suchen. Ecke Leipziger Straße fährt man auf Rollstufen zu einem Café für 25 Pfennige. Hier kann man sogar das Angenehme mit dem Nützlichen verbinden, denn es gibt einen Diktierraum, in dem man sich seine Briefe schreiben lassen kann. Kempinskis *Café Vaterland* hat immer Hochbetrieb und ist etwas für die, die sich im Gewühl behaglich fühlen. Wer ein vornehm-ruhiges Milieu vorzieht, der gehe ins *Café Schottenhaml* am Kemperplatz.

Noch reicher ist die Auswahl der Cafés im neuen Westen. Geräumig und strahlend *Café Berlin* im Haus Germania mit seinen verschiedenen Rängen bis zum Dachgarten fast ein Showhouse verschwenderischer Ausstattungskunst, ein Mokka-Palast. An Stelle des untergegangenen Café Größenwahn (Ecke Kurfürstendamm und Joachimsthaler Straße) nun frei von aller Literatur, das elegante Café des Westens.

Bei *Moritz Dobrin,* vom Volksmund »Jud Süß« getauft, direkt am Tiergarten, gibt es köstliche Süßig-

Haus Vaterland am Potsdamer Platz, um 1935.

keiten. Gleich erlesene Genüsse bieten *Miericke* an der Rankestraße (Gedächtniskirche) und *Hillbrich* bei der Knesebeck-Ecke des Kurfürstendammes.

Wer das wahrhaft elegante Milieu einer vornehmen Privatwohnung, in der der beste Sammlergeschmack die Möbelstücke zusammengetragen hat, genießen und in flüsternder Stille seinen Mokka schlürfen oder seinen Tee trinken will, der besuche *Wertheim* in der Bellevuestraße. Er wird nicht zweifeln können, dass er hier in erlesenem Zirkel als Gast einer sorgsamen, aber unsichtbar bleibenden Hausfrau eine nachmittägliche Stunde feierlicher Ruhe in der Nähe des wildesten Verkehrs verbringt, in einem geschmackvollen Buen Retiro des alten vornehmen Westens. Stille und Vornehmheit bietet auch am oberen Kurfürstendamm die Teestunde im *Anglo-American Tearoom,* wo es Bridgetische gibt.

Ein kurioses Überbleibsel aus vergangener Zeit, aus der wilhelminischen Ära mit ihrer bürgerlichen Behaglichkeit sind die Gaststätten *In den Zelten,* am Nordostrand des Tiergartens, dicht bei der Spree. Aus den früheren Zeiten des biedermeierlichen Berlins sind längst stabile Bauten geworden, aber was sich hier an Leben abspielt, bewegt sich noch ganz in den Geleisen des Ehedem. Die Zeit scheint hier stehen geblieben zu sein. Hier leben noch die Kaffeekränzchen, hier gibt es noch Militärmusik mit schmetternden Märschen und patriotischer Emphase. Die Weiblichkeit, die hier verkehrt, ist noch ganz Typ der Jahrhundertwende, Typ der Berlinerin aus der Vorkriegszeit mit den festen Grundsätzen. Es ist ein museal gewordener Ausschnitt Berliner Lebens an bunten Kaffeetischdecken zu volkstümlichen Preisen unter der Devise: Gemütlichkeit.

ES DÄMMERT …

Straßenbummel unter Lichtreklamen – Ein Kinobesuch gefällig? – Warum allein sein, wenn man zu zweien sein kann? Geteiltes Vergnügen ist doppeltes Vergnügen

Es dämmert … Dämmerstunde. Da schaltet das Berliner Leben sich auf ein anderes Tempo um. Der Arbeitstag rast seinem Ende entgegen. Mußestunden gehören dem Vergnügen. Lebensfreude verlangt ihre Rechte. Es gibt noch immer genug Menschen in einer so großen Stadt, die ihre Sorgen nicht mit in den Abend nehmen. Die mit dem Abendanzug den andern Menschen anziehen, den leichten, beschwingten, unbekümmerten. Leichtfertigkeit nennt das der Moralist. Aber diese sogenannte »Leichtfertigkeit« ist das Antitoxin der Griesgrämigkeit, der Lebensunlust, der Verzweiflung. Man braucht den Aufschwung. Und der zauberhafte Boden der Großstadt gibt noch immer vielen Menschen die Mittel, für ein paar Stunden sich unter die Wirkung des köstlichen Narkotikums zu setzen, das Vergessenheit heißt.

Der echte Großstadtmensch spürt es in seinen Adern und Nerven, wenn der elektrische Strom in die

Millionen Glühlampen schießt und sie aufflammen lässt, dass die großen Straßen wie in ein plötzliches Feuerwerk gehüllt sind. Dann duldet es ihn nicht mehr an seinem Schreibtisch. Dann verlangt ihn nach dem Lichtbad und etwas von der elektrischen Kraft strahlt über in seine Glieder. Schon ein Bummel unter Lichtreklamen ist wie eine belebende Dusche, gibt Spannkraft, Lebensfreude, gibt Erwartung und Hoffnung auf Erlebnis und Abenteuer. Zumindest auf Sensation.

Die Sensation ist für den modernen Menschen Bedürfnis. Er braucht sie als Nervenpeitsche, er braucht sie, wie der Süchtige seine Spritze. Er braucht sie in jeglicher Dosierung, der eine mehr als der andere. Er braucht sie und sucht sie, und wenn er sie sich in der Verdünnung kaufen muss, in der das Kino sie ihm bietet. Das ist die anziehende Macht des Kinos, mit der es sich die Massen erobert hat. Darum diese Unzahl von Kinos, die mit den andern Vergnügungsstätten wetteifern. Es ist so bequem, hier das Leben in stärkster Konzentration zu genießen, kondensiert unter den siedenden Strahlen der Atelierlampen. Und außerdem sind die meisten Berliner Kinos imposante Räume mit behaglicher Atmosphäre. Um die Gedächtniskirche herum gruppieren sich die Kinopaläste der großen Gesellschaften, über den Portalen in Flammenschrift ankündend, was drinnen über die Projektionswand läuft, wer von den Lieblingen, den Halbgöttern der moder-

Kino am Kurfürstendamm, 1926.

nen Menschheit, den Stars zweier Weltteile zu sehen ist. Weit und mächtig wie Kultstätte eines neuen Baalsdienstes weiter draußen am Kurfürstendamm *Mendelssohns Universum* und an der Kaiserallee der Bebapalast *Atrium*.

Aber die Dämmerung ist nicht nur die Erweckerin der Lebenslust und der Genusssucht, sie ist auch die erosgesegnete Stunde, die für Zärtlichkeiten geneigt und nach ihnen verlangend macht. Das ist beim heutigen Menschen Nervensache. Seine Nervenspitzen, die von so vielen alltäglichen Erregungen gereizt werden, verlangen plötzlich nach einem Kontakt. Es ist wie beim Radio. Die Sender arbeiten und suchen nach einer Antenne, der ausstrahlende Strom will nicht ins Leere sprühen. Es ist nicht zu leugnen, dass in unserer Zeit ein sehr großes Liebesbedürfnis herrscht, wenigstens ein Bedürfnis nach dem, was man so im Tagesjargon Liebe nennt. Diese Liebe ist zu einem guten Teil Flucht vor dem Alleinsein. Warum allein sein, wenn man zu zweien sein kann, und wenn einen dies Zuzweiensein weder mit Gefühlen noch mit Verantwortung belastet. Denn so ist doch die heutige Partnerschaft, die zur Sicherung gleich vorneweg erklärt, dass »Heirat völlig ausgeschlossen« sei. Eher verzeiht der Mann von heute eine noch so heftige Attacke auf seinen Geldbeutel als auf seine Freiheit. Letzteres würde mit »fristloser Entlassung« geahndet, während man in dem andern Falle

Friedrichstraße, um 1935.

doch wohl eine kurzfristige Kündigung einräumt. Dem Anschluss- und Liebesbedürfnis der Menschheit beiderlei Geschlechts abzuhelfen, bemühen sich außer den Beteiligten selbst, die ja mancherlei neuartige Wege gefunden haben, mittlerweile auch dritte Personen und sie haben darin, wie der Eifer ihrer Bemühungen erraten lässt, einen einträglichen Beruf gefunden. Es gibt Tageszeitungen mit der ständigen Rubrik: »Wo finde ich Sie?«. Und dass auf dem so gewiesenen Wege auch »Er« zu finden ist, braucht ja nicht erst gesagt zu werden. »Bekanntschaften arrangiert Dame, Theater, Sport, Tanz. 3 bis 8 (folgt Telefonamt und Nummer)« Partnerschaft kultivierter Kreise, arrangiert – zwanglos – diskret. Besuchsanmeldung Brabant 2922. So und ähnlich lauten die Inserate. Auch sogenannte »Geselligkeitsklubs« lassen sich unter verschiedener Devise die Vermittlung von Bekanntschaften angelegen sein. Also, warum allein, wenn man zu zweien sein kann? In diesem Falle jedenfalls enthält das Sprichwort (was wenig Sprichwörtern nachzurühmen ist) eine positive Wahrheit, wenn es sagt: Geteiltes Vergnügen ist doppeltes Vergnügen. Natürlich darf man nicht immer an die Rechnung denken, die am Ende präsentiert wird. Genießen und zahlen, das sind eben getrennte Angelegenheiten, und es gehört zur Lebenskunst, diesen Trennungsstrich ganz radikal zu ziehen.

WIE MAN AUF ANMUTIGE WEISE DEN ABEND BEGINNT …

(Ein kulinarisches Intermezzo)

Wünschen Sie gut zu speisen?

Sie wollen wissen, womit man auf anmutige Weise den Abend beginnt? Nun, man müsste ein schlechter Musiker sein, wenn man die Ouvertüre gleich ins Finale münden ließe. Sie darf nur die Melodie anklingen lassen, die das Finale beherrscht.

Es ist im Leben wie in der Musik. Man muss schon etwas Phantasie aufbieten, um eine reizende Introduktion zu erfinden. Aber man muss sich auch etwas auf Laune und Eingabe des Augenblicks verlassen. Was er gebietet, das ist ein Teil vom Genie des Lebenskünstlers. Im rechten Augenblick das Rechte tun – dafür kann man kein Programm aufstellen. Da es aber die Grundlage menschlichen Wohlbehagens ausmacht, wenn der Gaumen seine Ansprüche erfüllt fühlt, und ein unbefriedigter Magen ein übler Musikant ist, so bereite man sich in würdiger Weise auf die nächtlichen Genüsse vor durch das, was die Kunst berufener Köche in den rühmenswerten Küchen der Metropole an Leckerbissen bereitet. Wer keine sehr hohen Ansprüche stellt, sondern in behaglichem Milieu gut und dabei billig essen will, der findet solche Möglichkeiten ohne schwierige Wahl. Er gehe nur zu *Kempinski* in der Leipziger Straße oder auf dem Kurfürstendamm, wo er einen Riesenbetrieb vorfindet, zu *Hiller* Unter den Linden, zur *Traube* im Haus Germania an der Hardenbergstraße, wo es einen Garten mit goldplattierten Fischwassern und Feigenbäume mit lebendigen Papageien mitten im Lokal gibt. Kellertief unter der Erde kann man bei *Lutter und Wegner* an historischer Stätte speisen. Aber nicht jeder liebt die Beschwertheit mit so viel Vergangenheit, wenn er gut essen will. E.T.A. Hoffmann und Ludwig Devrient, Heinrich Heine und Theodor Döring, Kainz und Matkowsky, die hier als Stammgäste aus und ein gingen, waren wohl unsterbliche Dichter und Schauspieler, aber ob sie vorbildliche Feinschmecker waren? In gemütlichen Winkeln und Logen gibt es bei *Stöckler* auf dem Kurfürstendamm, etwas versteckt im Hinterhaus, aber des Suchens wert, Speisen aus gutgeführter Küche und Weine aus trefflichem Keller. Man kann hier zarte Kleinigkeiten essen, die den Magen nicht beladen und der Zunge schmeicheln, wie Palmenherz auf Reis und Ähnliches, aber auch schwere Kost wie Marseiller Bouillabaisse. In vornehmen Räumen und bester Gesellschaft sitzt man bei *Peltzer* in der Neuen Wilhelmstraße nahe den Linden. Mit einer gewissen Feierlichkeit wird serviert und das Essen vollzieht sich hier wie eine heilige Handlung. Es geht sehr gedämpft zu und man fühlt sich hier in kleiner Gesellschaft ganz unter sich. Bei *Horcher* in der Lutherstraße, Berlins exklusivstem Restaurant, wird dem Gaste das Bewusstsein suggeriert, dass er der Favorit des Kellers und der Küche und alle dienenden Geister seines Winkes warten, um ihm das Köstlichste und Erlesenste vorzulegen. Die Gäste sind meist Habitués. Hier finden sich die feinsten Zungen ein, die Leute, die ihre Gaumen in den vornehmsten Gaststätten der Welt geschult haben. Das Arrangement eines Menüs geschieht hier oft mit der wägenden Bedachtsamkeit, mit der in der großen Politik Geheimverträge beraten werden. Hier verkehren die Rastellis der Gourmandise, die das Aroma jeder Speise auf ihrer Zungenspitze balancieren und dabei so tun, als erführen sie eine Offenbarung des Wohlgeschmacks.

Auf welche Art wollen Sie essen?
Die Küchen aller Nationen

Für den modernen Lukullus gibt es aber nicht nur die Frage nach gut oder billig im Hinblick auf die kulinarischen Genüsse. Die Küche kennt auch nationale Unterschiede, nationale Spezialitäten. Wer für maritime Leckerbissen passioniert ist, wird bei *Borchardt* keine Enttäuschungen erleben, aber das Exotische fängt doch erst in einer anderen Zone an. Im *Medvjed* an der Neuen Bayreuther Straße und in der *Neva Grill* an der Ansbacher Straße, mitten im sogenannten »Russenviertel«, wo sich das emigrierte Russland mit dem sowjetistischen friedlich begegnet, oder auch bei *Förster* an der Motzstraße kann man russisch essen. Der Speisezettel ist dort noch ganz zaristisch, es gibt die guten feinen Dinge aus vorrevolutionärer Zeit, an die der Bolschewismus nicht gerührt hat. Wer es nur mit einem »Borschtsch«, jener köstlichen Krautsuppe mit saurer Sahne, versuchen will, der kann auch zu *Tari Bari* oder zu *OD* in die Nürnberger Straße oder *Boyar* in die Kleiststraße gehen.

Venezia auf dem Kurfürstendamm ist schon als exklusive Gaststätte mit italienischen Spezialitäten empfohlen worden. Echter im äußeren Aufputz und schlichter aber sind die *Aida* an der Kurfürstenstraße und die *Taverne* an der Courbièrestraße. Man fühlt sich hier mehr in italienischem Milieu, was ich durchaus nicht als eine abfällige Kritik aufzufassen bitte. Der ungarische Magen mit seinem Paprikagelüste findet eine heimatliche Stätte bei dem schon erwähnten *Weisz Csardas* auf dem Kurfürstendamm oder an der Kommandantenstraße, gegen den die andern ungarischen

Küchen nicht aufkommen können, denn der Paprika allein macht noch nicht das ungarische Aroma aus.

Auch einem Ausflug in die exotischen Provinzen der Kochkunst stellen sich in Berlin keinerlei Schwierigkeiten entgegen, wenn man seinen Magen nicht den Gefahren eines kühnen Experiments auszusetzen sich scheut. Aber gar so schlimm kann es nicht kommen, und wenn man nicht überempfindlich ist, soll man es ruhig wagen. Vielleicht findet man Geschmack an der Sache und wird zum Stammgast. In der Kantstraße nächst dem Savignyplatz haben sich die chinesischen Restaurants angesiedelt, wo außer den gelben Studenten auch abendländische Besucher verkehren. Man kann die Essstäbchen ruhig den Eingeborenen überlassen, denn so geschickt wie sie wird man sie doch nicht handhaben und greift lieber zu den gewohnten Speisewerkzeugen, mit denen man eben aufgewachsen ist. Japan hat sein Speisehaus fernab in einem anderen Viertel an der Geisbergstraße beim Nürnberger Platz, genannt: *Toyokran*. Reis, Hühnerfleisch und Pilze werden durch die Hand des chinesischen Koch zu einer Delikatesse und an Fett wird nicht gespart. Ist man auf Haifisch lüstern, so empfiehlt sich eine Vorbestellung, denn man kann ihn wohl nicht auf Lager halten.

Zahlreiche Speiselokale stehen unter dem Zeichen des Salomonsschildes, welches besagt, dass hier nach den Vorschriften des Alten Testaments gekocht wird. Da aber die rituelle Kirche durch ihre Güte bekannt ist, sieht man auch reinblütige Arier sich daran gütlich tun.

Von *Aschinger* schließlich spreche ich als einem Dorado für die Schnell- und Billigesser. Was der Photomaton auf dem Gebiete der Photographie, das ist *Aschinger* auf dem der Kochkunst. Berliner Spezialitäten stehen im Mittelpunkt. Für ein paar Zehner schon kann man sich sättigen. Und man muss sich nicht einmal lange an einem Tische niederlassen, sondern kann im Stehen seinen Imbiss verzehren. Nachts gibt es sogar an den Straßenecken fliegende Händler in sauberem weißen Küchendress, von denen *Koschwitz* seine heißen Würstchen verkaufen lässt. In der Ballsaison sind sie von den späten Heimkehrern oft stark gefragt. Es soll allerdings schon vorgekommen sein, dass solche Wursthändler auch weniger ungefährliche Waren als Würstchen an den Mann gebracht haben. Kürzlich wurde auf dem Kurfürstendamm einer aufgegriffen, dessen Hauptgeschäft im Kokainhandel bestand. Koks ist eben begehrter als heiße Wiener.

Quick, die Bar der Eiligen, an der Joachimsthaler Straße, dicht beim Kurfürstendamm ist ganz amerikanisch aufgemacht und verblüfft durch Billigkeit. Bis tief in die Nacht hinein toller Betrieb.

Alle Nationen unter einem Dach

Man kann dieses Kapitel nicht beschließen, ohne einer Besonderheit zu gedenken, die zu einer Attraktion Berlins geworden ist. Unter der rotierenden Lichtkuppel am Potsdamer Platz, die wie ein Leuchtturm durch die Nacht winkt, befindet sich, eine Kempinskische Gründung, *Haus Vaterland*. In diesem Hause haben so ziemlich alle Nationen der Kulturwelt ihre Filialen. Das eigentliche deutsche »Vaterland« ist mit dem Rheinland und durch Bayern vertreten. In dem einen Raum spielt eine Gebirglerkapelle unentwegt auf der Klampf'n und jodelt, in dem andern öffnet sich der Blick auf eine romantische Rheinlandschaft mit Weinbergen und Ruinen und »drunten fließt der Rhein«, immer lang, immer lang, von der Suppe bis zum Dessert und immer weiter, und auf Sonnenschein folgt Regen mit Donner und Blitz und auf Regen wieder Sonnenschein in holdem Wechsel, bis man seine Zeche zahlt und geht, und er folgt einem noch, bis man zur Türe hinaus gewandert ist und andern Gästen Platz gemacht hat.

Ein anderer Raum lädt zum »Heurigen« nach Grinzing und es gibt im Hintergrund als Panorama die Wienerstadt mit dem Stephansturm und Straußsche Walzermusik, denn Wien ist ja die »Stadt der Lieder« und das wissen die Leute vom Film her, also muss Musik gemacht werden, denn das verlangen sie halt für ihr

Die »Vaterland-Girls«, um 1930.

Geld. Und in *Haus Vaterland* kriegt man alles, was man für sein Geld verlangen kann. Sogar die Türkei ist da. Nicht mit einem Harem, denn das gibt es ja in der Türkei nicht mehr und so was ist anderswo doch besser zu machen, sondern mit einem Mokkaausschank. Spanien hat eine Bodega mit Mandolinengeklimper und südlicher Leidenschaft, mit gedämpftem Rotlicht und allerhand ähnlichem Zauber des Südens.

Anderswo ist die Puszta aufgebaut; da gibt es Zigeuner, Tokayer, Csardasmädel. Grüne Husarenuniformen bedienen. Und schließlich kann man aus der Zivilisation sogar einen Seitensprung nach Wild-West machen, in dem eine Bar untergebracht ist. Unter riesigen Schlapphüten darf man in verwegene Cowboygesichter sehen, die von der Theke her merkwürdige Songs in den Raum schmettern. Das alles gibt es in *Haus Vaterland*, das eigentlich gar kein Vaterland, sondern ganz international ist. Die Berliner gehen nicht hin. Aber es ist eine Sehenswürdigkeit und darum den Fremden empfohlen. Denn für die ist es ja aufgebaut worden.

SCALA
SCALA

WOHIN GEHEN WIR?

Rummelplätze, Varietés und Kabaretts

Die Frage, wann das Nachtleben denn eigentlich anfängt, ist schwer zu beantworten und bringt uns in Verlegenheit. Es geht nicht nach der Uhr. Es geht mehr nach der Stimmung, die jeder mitbringt. Es kann einem passieren, dass es in den Straßen schon grau wird und der Morgenstern über die Dächer schimmert, dass die Nacht vorbei ist und das Nachtleben noch nicht angefangen hat. Nur die Geduld nicht verlieren. Es gibt in jeder Lotterie Nieten, und die Erwartung der Überraschungen des Nachtlebens ist so eine Lotterie. Manchmal erlebt man eine bunte Vielfältigkeit von Ereignissen, manchmal ist nichts Rechtes los. Und dabei ist man vielleicht überall da gewesen, wo man sich etwas hatte erwarten dürfen. Dafür aber wird man ein andermal durch die turbulentesten Erlebnisse entschädigt. So geht es nicht nur dem gelegentlichen Gaste, so geht es auch dem Eingeweihten. Das Vergnügen lässt sich eben nicht kommandieren.

Zwischen Nachmittagsbummel oder Tanztee gibt es immerhin ein paar neutrale Stunden, in denen an den Stätten des Nachtlebens noch nichts los ist und die man mit Essen allein auch nicht ganz ausfüllen kann, wenn man nicht von der Natur den Magen eines Gargantua mitbekommen hat. Was tun wenn man nicht im Kino die Zeit absitzen will? Eine amüsante Unterhaltung für den Abend ist der Rummelplatz, eine Einrichtung, die sich aus der Vergangenheit in die Gegenwart hinüber gerettet hat. Nur hier und da hat sie sich ein paar neue Züge ins Gesicht geschminkt. Sonst ist alles beim Alten geblieben. Und auf diesen Rummelplätzen werden die Menschen wieder zu Kindern. Der Augenschein überzeugt davon, dass auch für den Großstadtmenschen noch immer das Schönste der Rummel bleibt und je mehr Krach ist, desto mehr freut sich der Berliner.

Er hat einen Rummelplatz, der durch und durch amerikanisiert und elektrifiziert ist. Das ist der *Luna-Park* in Halensee, da, wo der Kurfürstendamm über die Stadtbahn geht und mit dem Grunewald das vornehmste Berlin beginnt. *Luna-Park*, das war einmal ein Begriff. Er hat etwas von seinem Nimbus verloren, aber noch immer ist seine Anziehungskraft enorm. Im Sommer treten hier die schönsten Mädchen zum Wettkampf um die Krone der Sommerkönigin an, und die schönsten Feuerwerke sprühen in den heißen Nächten in den Himmel. Das Vergnügen ist mechanisiert. Die Berg- und Talbahn ist in ein Wolkenkratzerkostüm gekleidet. Es gibt fliegende Luftdroschken, Wasserrutsch-

Tanz im Luna-Park, um 1930.

bahnen und Autos, die man auch steuern kann, wenn man jeder Verkehrsregel unkundig ist. Buden aller Art gibt es zwischendurch, wie auf einem richtigen Jahrmarkt.

Weit origineller aber sind die kleinen Rummelplätze. Verstreut in den Stadtteilen auf Bauplätzen, zur Peripherie hin. Die findet man nur durch Zufall. Man muss sich überraschen lassen. Fährt man mit der Straßenbahn irgendwo durch Neuland, unbekannte Gegend, überfällt einen plötzlich ein Höllenspektakel. Licht und Magie des Lärms locken den Neugierigen an. Es ist sinnlos, Vorsätze zu haben, vorsätzlich auf den Rummelplatz zu gehen. Nur die Kleinen, die nicht mehr Kinder sind, und doch noch ohne das große, trügerische, leidenschaftliche Wissen, dürfen sich verabreden. Sie zählen ihr geringes Geld mit Stolz, und dann schlendern sie Arm in Arm und kichernd dahin.

Rummelplätze wie der *Luna-Park* sind großzügiger angelegt; die Attraktionen sind erstklassig, die Abwechslungen zahlreich. In Hippodromen, Tanzbars, Cafés, amourösen Kabinetten werden Sensationen gekauft. Das ist der Rummel der Erwachsenen. Sie bezahlen ihr Vergnügen. Aber ist dies die eigentliche Illusion, die Magie des Rummels? Nein, man muss die Kleinen gesehen haben, die Mädchen und die erhitzten Gesichter der Burschen, die karussellwütig zögernd und doch fiebernd ihr Geld zählen, und dann opfern, weil sie sich den Genuss nicht versagen können. Das ist ein Schauspiel, wert es zu sehen. Kichernde Jugend, Mädchen, die dich mit einem Anlauf zur Verwegenheit ansehen, anlachen, die Zähne zeigen, sich zum Karussell einladen lassen und dann »Danke« sagen, um sich weiterzuschieben.

So etwas gibt es da oben im Norden. Bei *Onkel Pelle*! In der Müllerstraße am Leopoldplatz (Untergrundhaltestelle). Jedes Kind da oben kennt *Onkel Pelles Nordplatz*. Einer der schönsten Rummelplätze, einer der echtesten. Ein Sammel- und Tummelplatz vergnügter Menschen, ein Stück echtes Berlin. Hier wird kein Eintrittsgeld erhoben, und die einzelnen Vergnügungen sind sehr billig. *Onkel Pelle* versteht es meisterhaft, die einzelnen Vergnügungen zusammenzustellen. Er kennt die Seele des Volkes. Er ist mit denen, die heute sein Publikum bilden, groß geworden. Schon als Kinder kamen sie zu ihm in den Nordpark. Durch sie ist er populär geworden, als er seine Kinderfeste arrangierte. Sie haben ihm den Namen gegeben. Ursprünglich hieß er Onkel Wurstpelle, dann haben sie das abgekürzt, und Onkel Pelle ist geblieben. Der *Luna-Park* ist zweifellos eine famose Angelegenheit, aber *Onkel Pelles Rummelplatz* ist doch auch knorke.

Rummelplätze sind nicht jedermanns Sache. Andere ziehen Varietés vor. Zum *Wintergarten* findet sich der Fremde ohne Weiteres, »... und abends in die *Scala*«, grellt ihm von allen Ecken entgegen. Das sind Elitestätten des bunten Programms, das eine Serie von Glanznummern vereinigt. *Zirkus Busch* an der Börse gesellt sich zu ihnen mit seinem weltberühmten Namen.

Mancher natürlich zieht die Intimität des Kabaretts mit seinen Chanteusen, Diseusen und Danseusen vor. Ihm bieten die City und der Westen Institute aller Schattierung, die für sein Amüsement sorgen, von der dicksten Erotik bis zur vergeistigten. Sache für sich ist das *Kabarett der Komiker.* Ein Mendelssohn-Raum von gediegener Eleganz, behaglich, ansprechend, oben am Kurfürstendamm, am Lehniner Platz. Robitschek, der Leiter, manatscht die Sache ausgezeichnet. Man langweilt sich nie in den bequemen Sesseln, die sich nach allen Seiten, nach vorn und nach hinten drehen, damit man sich nicht den Hals zu verrenken braucht, wenn einem der breite Rücken des Vordermanns die Aussicht baut.

Das Beste vom Besten, Kabinettleistungen der Kabarettkunst gibt es an der Bellevuestraße in der *Katakombe*. Der Name ist nicht willkürlich gewählt. Das Lokal gleicht einem unterirdischen Verlies. Man sitzt im Kellergewölbe ein paar Meter unter der Erde. Auf der Bühne die Jugend, sprühend, launisch, witzig. An der Stelle, wo einst *Charlott* die bewährten Lieblinge der leichten Muse präsentierte, dicht bei der Gedächtniskirche, ist heute *Korso* erfolgreich wirkend. Jüngstes

Kind der leichten Muse in Berlin ist *Tingel-Tangel* an der Kantstraße nächst dem Hochbahnbogen. Unter der Betreuung von des Schlagerkomponisten Holländer beschwingtem Geiste ist dieses Kabarett berufen, sich an erster Stelle zu platzieren und sich dort zu behaupten, während andere Tempel des Chansons heute sich öffnen, um sich schon morgen oder übermorgen wieder zu schließen, weshalb wir ihre so schnell verklingenden Namen nicht nennen wollen.

In diese Kabaretts geht man um dessentwillen, was auf der Bühne geboten wird, in andere wieder geht man, um zu sehen, was sich im Parkett tummelt. Und das ist meist das Interessantere. Oben die Kunst oder die »Kunst«, unten das Leben oder das »Leben«. Na, ja! Man möchte nicht sagen, dass das Lokale zweiten Ranges sind, nur sind sie von anderer Güte, anderer Art. Ihr Gradunterschied zeigt sich schon in den Affichen. Was man früher als Tingeltangel bezeichnete, das nennt sich heute anspruchsvoll Kabarett. Das Bedürfnis nach dieser Einrichtung scheint sehr stark zu sein, urteilt man nach dem reihenweisen Vorhandensein. Aber sieht man näher zu, so stellt es sich doch heraus, dass das Angebot die Nachfrage erst erregen möchte.

An den Eingängen lockt die Ankündigung: »Eintritt frei!« Und daneben werden die verführerischsten Dinge verheißen, gegen die der gute Mann aus der Provinz widerstandslos ist. »Eintritt frei!« – das ist die erste Unaufrichtigkeit, mit der die Besitzer dieser Lokale, in die sonst keiner gehen würde, anzureizen versuchen. Die Überraschung kommt dann, wenn man die Garderobenabgabe bezahlt und schließlich bei der Rechnung. Ein solcher Besuch in der Kleinkunstbühne, wo das klein meistens eine andere Bedeutung hat als man hineinlegt und von Kunst überhaupt schon keine Rede ist, kostet, wenn man unvorsichtig und ahnungslos ist, Großgeld. Diesen Reinfall nennen der Berliner und der sich seinen Jargon aneignende Fremde gemeinhin »Nepp«. Sich »neppen« aber lässt bekanntlich niemand gern. Und wenn sich das Orgiastische des Betriebes, das einem verheißen wird, auf die Preisliste beschränkt, dann kann es mit der »Stimmung« und mit der »Laune«, die das Programm uns zusichert, leicht aus sein.

Über dieses störende Moment hilft dann auch das bacchantische Gebaren der anwesenden Damen nicht hinweg, zumal wenn dies aus Gründen der öffentlichen Moral darauf beschränkt bleibt, dem Gast auf den Schenkeln zu sitzen und eine Flasche Sekt zu bestellen. Schließlich leben alle diese Lokale ja doch nicht von der Kunst, nicht einmal von der »kleinen«, sondern wie alle Amüsierbetriebe, ob vornehm oder power, von dem Dutzend freundlicher Mädchen, die sich hier von ihrer liebenswürdigsten Seite zeigen und darum die eigentliche Attraktion bilden. Um ihretwil-

Varieté im Haus Vaterland, um 1930.

len herrscht an diesen Stätten die Fülle. Man sieht sie krampfhaft bemüht, die Langeweile zu verscheuchen, die sich immer wieder breit machen will. Die Musik versucht es bald mit dröhnendem Getobe, bald mit lockenden, schmelzenden Tönen, bald mit Schmachtendem, bald mit frechem Geschmetter. Aber es ist nicht so einfach, die bourgeoisen Hemmungen zu beseitigen, die viele der Gäste mitbringen. Das gelingt noch am besten dem Alkohol und darum wird es verständlich, dass die Huris dieses Paradieses jenen heiteren Gott beschwören, der schon in der antiken Welt beamtet war, für Stimmung zu sorgen. Heute sind seine Dienerinnen in vielen Lokalen an seinem Kult dadurch noch besonders interessiert, dass sie Prozente von der Zeche ihrer Tischgenossen erhalten. Obgleich der Conférencier, den das Programm als eine »Stimmungskanone« ankündigt, mit Zweideutigkeiten oder noch mehr mit Eindeutigkeiten durchaus nicht spart, fällt der Hauptverdienst an der Erotik, die die Atmosphäre dieser Lokale obligatorisch zu schwängern hat, doch eben jenen Mädchen zu, die hier ernten möchten, was sie nicht gesät haben.

Mitternacht ist Stimmungshöhepunkt. Bis dahin bewirken Alkohol und Frauen den Abbruch bourgeoiser Hemmungen. Man tanzt auf den Trümmern der mitgebrachten Moral (der Moral, in der man, wie Ludwig Thoma sagt, »über die Straße geht«).

»Wie einst Nero am Brande von Rom sich entzückte, Als wilder Bacchant in die Flammen blickte, So wird sich euch jetzt entzünden das Blut, An der schönen Vestalin Leidenschaft und Glut …«

Das ist die entflammende Poesie eines friedrichstädtischen Nachtlokals, eines Tanzkabaretts mit den »100 schönen Frauen«, »rassigen Tänzerinnen«, mit »Stimmung und Betrieb die ganze Nacht«, dessen Milieu ein Stimmungsbild illustrieren möge:

»Was ist es, nach dem ihr euch sehnt, das eure Glieder mit Jauchzen dehnt? Es ist der Frühling in seiner Pracht, zum Bacchanal des Lebens erwacht«, schmettert der Ansager ins Publikum hinein, seinen Mund zu einem Grinsen verzogen, mit den Belladonna-Augen zwinkernd.

Er spreizt den kleinen Finger, zieht den Vorhang beiseite und – da steht es nun, das lebende Bild aus Großmutterzeit, nur mit dem einen Unterschied, dass die malerischen Kostüme bis auf ein schmales Bändchen um die Hüften herum fehlen, und das sämtliche fünf oder sechs beteiligten Mädchen ihre Arme gen Himmel strecken, damit ihre Brust schöner wirkt. Das Blut der Zuschauer entzündet sich scheinbar nicht recht, denn der Beifall ist schwach, vielleicht aber auch nur schüchtern. Meistens sind es junge Leute, die hier Berliner Nachtleben genießen wollen, Studenten, Angestellte, auch ein paar Soldaten, dazu einige ältere

Herren, Provinz und provinziales Berlin, fast alle ohne Begleitung, denn die findet sich ja eben hier.

Die nackten Mädchen von der Bühne haben sich inzwischen in rosa oder grüne Pyjamas geworfen. Trotzdem sehen sie gar nicht bacchantisch aus, wie man das doch zu dieser Stunde an dieser Stätte mit gutem Recht verlangen könnte, sondern eher wie Mädchen vom Lande, was aber die jungen Leute und älteren Herren, die mit ihnen jetzt auf dem Parkett tanzen, nicht weiter zu stören scheint.

Ein Mädchen in kurzen Jungshosen, mit Pullover, Herrenschnitt und blauem Monokel, Hände in den Taschen, marschiert durch die Reihen, setzt sich da und dort an den Tisch, tanzt, alles mit dem ernstesten Gesicht von der Welt. Wenn sie das Monokel abnimmt, hat sie ein ganz gutes Profil, klare Augen, intelligenten Ausdruck. Was tut sie hier, was treibt sie hierher?

Der Ansager schlängelt sich durch das Publikum, jeden Tisch mit einem Vers beehrend: »Bist du erst blau, küss' ich die Hände deiner Frau« usw., in edler Reimkunst. Er spricht sämtliche deutschen Dialekte, mal versichert er, ein guter Hamburger, mal ein echter Bajuware zu sein. Er macht Stimmung, das muss man sagen.

Aber bacchantisch wird es doch erst, als eine große Blonde an einem der Vordertische eine Extravorstellung gibt. Sie wirft sich ihrem Auserwählten um

Tänzerinnen, 1932.

den Hals und küsst ihn ab, dass der Tisch wackelt. Als er endlich wieder zu Atem kommt, steht der Ober mit der Weinkarte vor ihm, und da nun alle Augen auf ihn gerichtet sind, kann er doch nicht anders. Zum Dank packt sie ihn wieder an den Haaren und küsst ihn stürmisch ab. Der Ansager begleitet diese Szene mit seinem Kommentar: »Seht her, die echte Wedekindsche Lulu« und: »Tob dich nur aus, mein Kind. Wer weiß, wie bald das Glück zerrinnt.« Bald ist es auch zerronnen, denn der Betreffende hat vor so viel Wildheit anscheinend Angst bekommen und sich gedrückt. Nun sitzt sie allein bei der Flasche Wein, legt das Bein auf den Stuhl, auf dem er gesessen hat, zeigt ihre helllila Schlupfhöschen und rauft sich die Haare, bis ein Anderer kommt, sie zu trösten. Sofort ist sie wieder begeistert.

So geht es stundenlang weiter. Die Kapelle spielt zwischen amerikanischem Jazz rheinische und Wiener Lieder, und der Ansager singt dazu: »Ein reinliches Mädchen bei reichlichem Wein« und »O so 'ne Schiebung« statt »O sole mio«. Große Spiegelkugeln, von bunten Scheinwerfern angestrahlt, drehen sich an der Decke und streuen blitzende Lichter im verdunkelten Saal umher …

Das ist Berlins Nightlife in der Friedrichstadt. So ist es bei *Steinmeier*, dicht beim Bahnhof, der sich jetzt auch eine mondäner aufgemachte Filiale für weltstädtischere Bedürfnisse am Kurfürstendamm zugelegt

Damen-Jazzband, 1926.

hat. So ist es ähnlich im Rokoko (diesseits) und in der *Bonbonniere* (jenseits der Leipziger Straße).

Während hier Erotik in der Praxis und handgreiflich vorgeführt wird, gibt man in andern Lokalen der Sache einen wissenschaftlichen Firnis. Es muss schlimm um die Erotik unserer Zeit stehen, wenn man sich so sehr um sie bemühen muss, wenn sie so viele Reklamechefs in Atem bringen muss, um nicht unter die Räder des Betriebs zu kommen. Vom Vortragspult spricht da ein Mann und weiht die Anwesenden ein in die Geheimnisse des Liebeslebens, er lüftet den Schleier, der der Öffentlichkeit die Abgründe, die Scylla und Charybdis der Inversion verbirgt, er macht ihnen gruseln mit den Perversitäten, von denen er salbungsvoll deklamiert. Der Blick in die Schreckenskammer der Erotik ist aber nur eine Würze für die Normalen, die lüstern hinter Vorhänge schielen, hinter denen sich Pikanterien verstecken, und die dabei noch das beruhigende Bewusstsein haben dürfen, dass sie in ihrer Normalität doch so moralisch sind. Die Vorträge dieser »Sexualethiker« sind eingerahmt von – na, sagen wir – anderen Darbietungen, die mit Ethik weniger zu tun haben, die ja auch in der Jägerstraße nicht recht am Platze ist.

In der Kurfürstendamm-Gegend wachsen die Nachtlokale dieser Gattung ins Weltstädtische. Sie zeigen ein eleganteres Gesicht, sie verfügen über mondänere Attraktionen, und ihr Publikum ist dementsprechend. Hier wie dort verraten sie die Abhängigkeit von der Geburtsstätte des Kabaretts, von Paris, vom Montmartre. Aber auch da gibt es ja nur schwache Kopien der alten Vorbilder, die der improvisierenden, aus dem Augenblick und für den Augenblick geschaffenen Brettlkunst zum Ruhm verhelfen. In Berlin, mit seiner wesentlich andern Atmosphäre, seinem ganz anderen geistigen Klima, ist die Kopie noch blasser, die Berufung auf das Vorbild noch zweckloser. Die alten Kabaretts vom Montmartre gingen an ihrer geschäftlichen Organisierung zugrunde, die Kabaretts von Berlin sind von Anfang an geschäftliche Organisation. Die Industrialisierung des Vergnügens ist aber im heutigen Wirtschaftsleben nicht zu vermeiden, sie ist nur logisch bedingt.

Paris – das ist der Zauberstab, mit dem das Kabarett sein Publikum zu illusionieren sucht. Es wird etwas gar zu verschwenderisch mit diesem Zauber umgegangen. Schon bei der Namensgebung. *Palais de danse, Pavillon Mascotte, Kabarett Montmartre, Montparnasse* … Und immer und überall singt man von Paris, in allen Tonarten: Pariiiiis … Warum schon, wenn man doch Berlin meint?

Bei der Gedächtniskirche, ihr gegenüber, erfolgt durch leuchtende und beleuchtende Affichen, unterstützt von der noch dringlicher vorgetragenen Aufforderung eines uniformierten Türwächters die

Einladung zum Besuch der *Hölle*. In ihr hat sich das *Kabarett Montmartre* aufgetan, weil die Hölle allein vielleicht doch kein hinreichend anziehender Aufenthalt ist. Hier gibt es »nackte Frauen« zu sehen, die auf der Bühne ihre beinahe hundert Beine in die Luft werfen, kleine Revuen mit einem großen Aufwand von freigebig annoncierter »Schönheit«. Die Nachtrevue am Kurfürstendamm. Vielleicht ist es ein Druckfehler oder Zensurvorsicht, was hier aus der Nacktrevue eine Nachtrevue gemacht hat, und man verlässt sich auf das Assoziationsvermögen des Publikums. Man hat sogar aus der wirklichen Hölle, in der er zweifellos für seine Missetaten in Feuersgluten schmort, den Marquis de Sade zu einem Gastspiel beschworen. Das Plakat mit seinen Peitschen und am Marterpfahl sich windenden nackten Frauen zwischen Satansgestalten verheißt diesmal »25 Akt-Bilder aus dem Leben des Marquis«. Was uns erwartet, lässt sich vorstellen, denn das *Kabarett Montmartre* hat es sich zur Aufgabe gemacht, mit jeder Bekleidung der auftretenden Artisten, wenigstens der weiblichen, tabula rasa zu machen. Eine Sparmaßregel? Oder soll damit die entbehrte Schönheit in das nüchterne Alltagsleben der großen Stadt gebracht werden? Madeleine Nervi jedenfalls, eine echte Französin, ist eine Prominente auf dem Gebiet der »hüllenlosen Schönheit« und tanzt außerdem wirklich gut. Der Raum, in dem sich hier die Nacktheit in dieser oder

Werbeplakat, um 1930.

jener Verkörperung präsentiert, ist kostbar und meist von gutem Geschmack ausgestattet. Hier trifft man schon ein verwöhnteres Publikum, Berlin und alles, was durch seine Schule gegangen ist.

Schräg gegenüber im *Café Berlin* gibt es von Zeit zu Zeit nächtliche Feste unter lockenden Devisen. Bei einer »Nacht am Broadway« wurde vor einiger Zeit sogar ein Girl verlost. Hören Sie die Ankündigung: »Den Mittelpunkt des Festes bildet die Verlosung eines der Broadway-Girls, das, um Missverständnisse vorzubeugen, nicht mit Haut und Haaren verlost wird, sondern dem glücklichen Gewinner nur einen Gewinn in Gestalt eines Frei-Soupers für zwei Personen und einer anschließenden Fahrt im Privatauto mitbringt.« Wo diese Fahrt enden soll, darüber schweigt sich das Programm aus. Aber wohin fährt man schon nach einem gemeinsamen Souper im Privatauto mit einem Girl ... Nach einer »Nacht am Broadway« darf man dem »glücklichen Gewinner« schließlich keine besonders starken asketischen Neigungen zutrauen.

Mit der stärkeren Betonung auf »Tanz-Kabarett« denn als Bar, die den größten Betrieb (ein Wort echt Berlinischer Provenienz!) haben will, dient an der Kreuzung von Kurfürstendamm und Joachimsthaler Straße der *Kakadu* »dem Vergnügen der Einwohner«. (Mit dieser Widmung versah einst Friedrich der Große das entzückende Theater zu Potsdam.) Bar, Diele,

Tanzpalast in einem, mit allem Komfort der pyrotechnischen Kunst, mit Logen und Knutschecke für den täglichen, vielmehr nächtlichen Gebrauch, dem nötigen Vorrat von Halbwelt, entsprechend temperierter anderer Weiblichkeit, Atmosphäre auf Rotlicht und Sinnlichkeit abgestimmt; manchmal sind Mädchen da, mit Sternenbanner im Haar, als Reminiszenz an das Land der Freiheit, die sie in der Mehrzahl zu erlauben nicht abgeneigt sind.

Man möchte gern international tun, aber man bringt es doch im Kern über das Berlinische nicht ganz hinaus, und das ist vielleicht gerade das Originelle daran, dieser berlinische Internationalismus, diese lokale Note im kosmopolitischen Getue, das ja auch im Publikum und in seinen Allüren vorherrscht. Die Männer möchten für Gents gehalten werden und tragen ihre Menjoubärtchen mit blasierter Würde, die Damen färben sich noch blond und frisieren sich noch auf Greta Garbo, weil bisher noch kein anderer Prototyp des Sexappeals entdeckt worden ist und man der Marlene Dietrich ihre langen Beine doch nicht nachmachen kann. Sie repräsentieren hier die Lebenslust der Stadt. Was auf der Bühne vor sich geht, das streifen sie nur mit gleichgültigen Seitenblicken. Nichts Menschliches ist ihnen fremd, es gibt für sie keine Überraschungen, sie sind so überlegen, sooo überlegen. Es ist ihnen alles so selbstverständlich. Und was dieses Publikum hier sich und andern vormimt; das ist interessanter und amüsanter als das, was die Bühne bieten kann. An diesen Vergnügungsstätten geht es einem oft wie im Zoo, wo es meistens viel kurzweiliger wäre, im Affenzwinger hinter dem Gitter zu stehen und die Zuschauer zu studieren als umgekehrt, eine Tatsache, die sich in den klugen Augen der Käfigbewohner deutlich ablesen lässt.

NACHTBETRIEB IN TANZPALÄSTEN UND AN ÄHNLICHEN STÄTTEN

Tanz kann Selbstzweck und Vorwand sein. Für die meisten ist es das Letztere. Oder man verbindet das eine mit dem andern wie Nützliches mit Angenehmem, obwohl hier das Angenehme vorherrscht. Der Tanz ist die Quelle eines Lustgefühles. Wenn man also um des Selbstzwecks willen tanzt, so sucht man das Lustgefühl ganz objektiv im Tanzen, wenn man es als Vorwand nimmt, so sucht man über das dem Tanze innewohnende Lustgefühl subjektiv ein darüber hinausgehendes Lustgefühl, das sehr mannigfaltiger Art sein oder wenigstens sehr variiert werden kann. Jedenfalls, der Kern der Sache ist Vergnügen. Und dass die Nachfrage nach diesem Vergnügen sehr, aber sehr stark sein muss, das beweisen die unzähligen Tanzstätten, die es in Berlin gibt. Es gibt Tanzflächen von einem Quadratmeter bis zu einem Quadratkilometer und was sich darum herum aufbaut, das stuft sich von der Kaschemme bis zum Palast. Ebenso verschieden ist die Gesellschaft. Es geht von der Molle bis zum Sekt, vom Eisbein bis zum Malossol.

Stätten dieser Art aufzufinden, bedarf es keines besonderen Spürsinns. Ich streue ihnen darum nur ein paar Namen von höchster Prominenz hin. Den Ruf besonderer Eleganz beansprucht der Vergnügungspalast *Casanova* an der Lutherstraße im Hause der *Scala*. Er gilt als Hauptquartier der feinen Lebewelt und bemüht sich um das Aroma des mondänen Lasters. Zügellosen Pomp hat in diesen Sälen, die als »Blauer Saal«, »Gelber Saal«, »Spiegelsaal« sich fürstlich offenbaren, der Architekt und der Dekorateur entfesselt. Und dieser Pomp verpflichtet. Er verpflichtet den Gast schon bei der Wahl seiner Kleidung, er verpflichtet ihn, wenn er die Weinkarte in die Hand nimmt und der Ober erwartungsvoll ihm sein Ohr leiht, er verpflichtet ihn, wenn er die Brieftasche zieht, um seine Rechnung zu begleichen. Er verpflichtet ihn, wenn er sich für die anwesende Weiblichkeit interessiert, wenigstens für die berufsmäßig anwesende. Wenn man das ein wenig kahle und nüchterne Vestibül mit seinen hohen Wölbungen betritt, das einen so puritanischen Eindruck macht, erwartet man kaum, dass dahinter ein Amüsierbetrieb mit so viel freundlichen Mädchen sich um mondänen Stimmungszauber bemüht. Aber schon wenn man die breite Treppe hinaufsteigt, wittert man Hörselbergluft. Sie ist die Atmosphäre der beiden Welten, die hier Einkehr

In der Garderobe der Scala, 1927.

halten und sich Rendezvous geben. Eine bunte Mixung von Welt und Halbwelt. Ein scharfer Wettkampf zwischen zwei Klassen von Frauen, die mit denselben Waffen kämpfen und doch nicht dasselbe Kriegsziel haben, nicht ganz dasselbe ... Ihre Rivalität an solchen Orten ist etwas Prickelndes, Pikantes, etwas, was die Stimmung der Männer und ihr Selbstbewusstsein hebt. In dieser Stimmung taumeln sie mit ganz anderen Gefühlen in den Tango, der so verführerisch ist und von dunkelroten Lichtstrahlen akkompagniert, aus den Instrumenten der »kleinen Casanovas« schmilzt und bei dem für ein paar Minuten das Licht ausgeht ...

Wer ein- oder zweisiedlerischen Anwandlungen erliegt, dem erschließen sich kleine Logen, wie sie an manchen Stätten der Erprobung männlicher Standhaftigkeit gegen die Verlockungen der Sinne dienen. Es hängt dann wohl von den Umständen ab, ob die Anzahl der geleerten Sektflaschen als Barometerstand der Moral zu betrachten ist, obschon hier die Huldinnen nur ideell an dem Konsum ihres Favoriten interessiert sind ... Sie animieren nicht für Bacchus, sie animieren nur für Venus, trotz des meist üblichen Kompagniegeschäftes dieser beiden Gottheiten in solchen Bezirken ...

Nicht gering ist auch die Zahl der Gäste, die in der Hauptsache zum Dienst der Terpsichore kommen, die neben einem bisschen Flirt, der ja dazu gehört, nur tanzen, tanzen, tanzen ... Der Tänzer ist einer der markantesten Typen der Zeit, der Zeitmensch ist eben Tänzer. Das hat tiefgründige Zusammenhänge, die nicht hierher gehören, über die man aber nachdenken möge. Und die in unserer Menschheit steckende Tanzlust tobt sich auch hier aus. Wo der Tanz allein nicht befriedigt, nicht Genüge bietet, da bildet er eben die Präliminarien zu andern Formen des heutigen Lebensgenusses. Aber das gehört schon in ein anderes Kapitel, das gehört schon nicht mehr zum offiziellen Programm, selbst nicht an der Stätte, deren Schutzgeist Casanova ist …

Nicht um das Orakel zu befragen, sondern um sich zu amüsieren, pilgert man zum *Delphi* an der unteren Kantstraße. Griechische Säulen erwecken Reminiszenzen an hellenische Heiterkeit. Seltsam kontrastieren sie in ihrer klassizistischen Strenge mit der modernen Eleganz der Gäste. Die Orakelsprüche, die hier gefällt werden, sind sicher eindeutiger als an der namensgleichen Stätte der alten Welt. Hier übermittelt sie von Tisch zu Tisch das Telefon als freundlicher und verschwiegener Kuppler. Wenn er auch Dezenz gebietet, so schafft er doch die Anknüpfung, und man muss ja nicht immer gleich mit dem Bett ins Haus fallen. Es geht auch auf galanten Umwegen … Ein elektrisch gestirnter Himmel leuchtet über denen, die tanzen, und denen, die nur zechen. Miniaturgolfs laden zum Spiel ein. Es ist alles da, was eine verwöhnte Großstadtmenschheit über die Langeweile einer Nacht hinwegführen kann, die ihr in die Zeit zwischen Tag und Tag ein wenig Süßigkeit des Vergessens träufelt.

Die *Barberina* in nächster Nähe an der Hardenbergstraße ist abends noch anziehen- der als nachmittags. Ihr reiches Programm mit Spitzennummern internationaler Tanzartistik lässt immer noch Spielraum genug für die tänzerischen Bedürfnisse der Besucher, die dafür gleich im Nebenhause in den »Ambassadeurs« ebenfalls reichlich Gelegenheit finden, und noch dazu in prächtigster Umrahmung.

Diese Lokale bieten den Reiz der Intimität. *Femina* an der Nürnberger Straße will Geräumigkeit und Glanz. Den Tanzgästen der Nachmittagsstunden empfehlen sich Abstecher zu den verschiedenen Bar-Anlagen des Hauses, wo Cocktails bei musikalischen Unterhaltungen verabfolgt werden; da gibt es die Femina-Bar, die Wiener-Bar, die Foyer-Bar. Und oben im Tanzsaal wird man zwischen Tango und Foxtrott durch brillante Kunstleistungen der Choreographie und der Artistik ergötzt, wenn man es nicht vorzieht, Telefon und Rohrpost in Betrieb zu setzen. Man bedarf ihrer unbedingt, wenn man ohne Partnerin kommt und nicht auf das Vergnügen des Tanzes verzichten möchte. Eine Zufallsbekanntschaft ist dann willkommen und mühelos zu erreichen. Die Gefahr, einen Korb zu erhalten, wird, wenn sie überhaupt besteht, in ihren blamablen Auswirkungen durch die technischen Errungenschaften des Lokales vermindert. Höchst poetisch heißt es an der Berliner »Geburtsstätte des Tischtelephons«:

»Nur nicht schüchtern! Rufe an! – Ob Sie Dich mag, erfährst Du dann …«

Das gilt auch hier. Der fühlbare Männermangel hat die Frau vor die Wahl gestellt, nicht wählerisch zu sein oder allein zu bleiben. Selbst das männliche Ekel hat heute immer noch neunzigprozentige Hoffnung auf Erfolg. Masseure, Kellner, Friseure und ähnliche Berufsvertreter, die in engere Berührung mit der Frau der besseren Kreise kommen, sind heutzutage stark gefragte Bedarfsartikel und werden als »Kavaliere« lebhaft in Anspruch genommen. Das bringt einen neuen, eigentümlichen, wenig sympathischen Ton in das gesellige Leben der Öffentlichkeit. Aber es ist nun einmal so. Nicht die Empfindlichkeit der weiblichen Gäste, sondern die um Vermeidung von Taktlosigkeiten bemühte Direktion hat in der *Femina* die Zensur für Rohrpostbriefe eingeführt. Man möge also die tiefsten und intimsten Herzenswünsche der Dame seiner Wahl erst beim Tanze von Mund zu Ohr zuflüstern und nicht zu Papier bringen. Schreiben Sie nur: »Gnädige Frau, Sie gefallen mir. Ich möchte Sie gerne näher kennen lernen und mit Ihnen den nächsten Tango tanzen.« Wer kann, mag sich poetischer ausdrücken, aber besondere geistige Anstrengungen sind nicht erforderlich, sondern komplizieren nur die Annäherung. Auch hier gilt die neue Sachlichkeit. Nach statistischen Feststellungen werden an Sonnabenden die meisten Rohrpostbriefe geschrieben und desgleichen die aggressivsten. An den übrigen Wochentagen ist die Männerwelt weniger unternehmungslustig. Das kommt wohl daher, dass viele Junggesellen am Sonnabend für den Sonntag vorsorgen wollen. Vereinzelt sollen auch junge und ältere Raffaele sich einer nicht misszuverstehenden Bildsprache bedient haben, was zur Konfiszierung durch die Zensur führte.

Anregenden Nachtbetrieb findet der Besucher des westlichen Berlins noch an anderen gastlichen Stätten. »Die Künstler aller Länder treffen sich bei *Henry Bender* und zwar an der Bleibtreustraße in den elegant und behaglich eingerichteten Räumen. Aber auch die Nichtkünstler preisen das von dem namhaften ehemaligen Komiker geleitete Lokal als Stätte des unbezweifelbaren Vergnügens. Berlin W und WW ist hier Stammgast. Es ist gleichsam seine letzte Einkehr in später Stunde auf dem Heimweg und es treffen sich da alle jene, die einander anderswo verpasst haben. Bühne und Film repräsentieren hier mit den schönsten Frauen, die sie zu bieten haben, und es fehlt ihnen nicht an der Folie eleganter Männer. Wer lieber im dämmrigen Zwielicht in gemütlicher Ecke sitzt, der suche dieses Vergnügen in der neuen Nachtbar *Am Kamin,* deren Behaglichkeit sich schon deutlich genug in ihrem Namen ausdrückt.

Femina in der Nürnberger Straße, um 1930.

Als Künstlerlokale mit Nachtbetrieb etablierten sich neuerdings in der Nürnberger Straße der *Bohemekeller* und an der Meinekestraße in Kurfürstendamm-Nähe der *Souffleurkasten*.

Vom Bühnenmaler Condell nach einer netten Idee ausgestattet, zerfällt der Raum in zwei Teile: in eine Art Zuschauerparkett und in den Bühnenraum mit Soffitten und Kulissen. Man sitzt hier wie in einem Theater. Um diesen Eindruck noch zu verstärken, hat der Ausstatter an die Wände amüsante Karikaturen von Albers, Henny Porten, Massary, Asta Nielsen, Chaplin usw. gemalt.

Am Kurfürstendamm selbst, Nähe Uhlandeck, begrüßt uns tropische Üppigkeit im *Wunderland*, zu dem einen Rollstufen hinaufbefördern. Die Gewandung ist exotisch, die Stimmung erotisch, das Milieu strebt Mondänität an. Es gibt zwischen Palmen und Bambusbüschen eine Insel Bali mit schwellenden Liebespolstern, auf denen die Weiblichkeit des westlichen Berlins die Rolle der schönen Balinesinnen zu mimen versucht, während sie einen Kaffee schlürft, der von ebenso verblüffender Billigkeit ist wie die moderne Liebe.

Schon zu den (heimlichen) Sehenswürdigkeiten Berlins zählt *Schwanneke* an der Rankestraße. Hier nächtigt, in abgeteilten Nischen, die vornehmere Literatur, die dem Niveau des *Romanischen Cafés* entwachsen ist. Hier thront die geistige Elite, hier ist sozusagen eine Dependenz der deutschen Dichterakademie. Eine Handgranate in dieses Lokal geworfen, würde das Ende der deutschen Literatur bedeuten, der »prominenten« wenigstens. Aber werfen Sie bitte nicht, oder wenn, dann höchstens ein paar Knallerbsen ... Es wäre nämlich zu schade, um – das Weinlokal ...

Stammlokal des mannmännlichen Eros

Vor einigen Jahren hat ein französischer Publizist Berlin besucht und dann seinen französischen Lesern ein Bild unserer Stadt in den schlimmsten Verwesungsfarben, die man auf einer Palette vereinigen kann, gemalt. Er meint, dass man den Unterschied mit Paris am besten konstatieren könne, wenn man den bleigrauen Himmel betrachte oder sich in eine der Lasterhöhlen wage, wo einem Sodom und Gomorrha auf die brutalste Weise vor Augen geführt werden. Dort sind die Personen in Weiberkleidung keine Weiber, die in Männerkleidung keine Männer. Außer diesen Transvestiten gibt es welche, die wohl die ihrem Geschlecht entsprechende Kleidung tragen, aber doch pervers orientiert sind. Bei dieser vierdimensionalen Geometrie dreht sich dem Beschauer alles im Kopf und Magen. Man mustert seinen Nachbar mit Missbehagen: weiß man doch nicht, welches der vier Ungeheuer er verkörpert. Die Reisegesellschaft Cook führt die Touristen eigens hin wie in ein Raritätenkabinett, denn diese Zustände gehören zu den Sehenswürdigkeiten von Berlin.

Der französische Moralist scheint sein Paris nicht zu kennen, nichts von *Vertige* und *Roland* mit seinen hübschen Epheben und von der *Cosy-Bar,* dem Rendezvousplatz der Päderasten zu wissen, nichts von dem *Fetisch,* wo sich die Lesbierinnen zusammenfinden. Er gehört zu denen, die die gleichgeschlechtliche Liebe als »le vice allemand« verabscheuen, denn jedes Volk schreibt bekanntlich seine eigenen Laster einem andern Volke zu. Dabei ist Berlin sicher nicht lasterhafter als Paris oder London oder eine andere Stadt der Welt, nur ist man hier teils weniger verschämt, teils weniger heuchlerisch. Dabei hat der eben erwähnte Franzose nur die dem Fremdenverkehr zugänglichen Treffpunkte gesehen, nur die für zahlende Gäste inszenierten Komödien des Lasters und nicht die mehr oder minder heimlichen Lokale, in denen die echten Invertierten einen Unterschlupf und gleichgesinnte Gesellschaft suchen. Hier ist der nur als Beobachter auftretende Gast ungern gesehen, denn er stört die Intimität derer, die unter sich sein möchten, ebenso sehr wie ihre Intimitäten. Sie wollen, soweit sie »waschecht« sind, ihre Neigungen nicht zur Schau tragen, sie werden unter den neugierigen Augen der Zuschauer befangen und einzelne unter ihnen erröten, wenn man sie ansieht. Aber man erwartet auch in diesen etwas klandestinen Lokalen vergebens eine Orgie. Alles spielt sich in gemäßigten Formen ab, in einer wohltemperierten Atmosphäre, gemischt aus Bürgerlichkeit und Anrüchigkeit. Das schummrige Ampellicht der Räume bescheint keine großen Sünden. Es sieht alles aus wie ein harmloses Vergnügen.

Es mag ein Nachteil der ihre Grenzen weitenden öffentlichen Moral sein, dass so vieles heute den berauschenden Glanz der Sündhaftigkeit verloren, das verruchte Parfüm des Lasters eingebüßt hat. Der Moralist hat es immer schwerer, sich zu entrüsten, und die Heuchelei verliert immer mehr von ihrem Staat.

Eingeweihte schätzen die Zahl der Lokale, in denen als Stammgäste jene Männer verkehren, die den Frauen abgeneigt sind, in Berlin auf etwa achtzig. Ein großer Teil davon sind eben Schanklokale ohne besonderes Gepräge, aber eine gewisse Anzahl strebt doch nach stimmungsförderndem Dekor. In der Nähe des Spittelmarkts, an der Friedrichsgracht, spiegelt sich die rote Lampe des *Bürger-Casinos* in dem dunklen Wasser der Spree. Das glucksende Wasser, die menschenleere, düstere Straße, die niederen, alten Häuser ringsum lassen einen ganz vergessen, dass man in der Großstadt ist. Nicht einmal ihr Lärm dringt hier herüber. Rötliches Licht hinter den Scheiben des Lokals. In der Runde alle

Fenster dunkel. Der Name auf dem Schild so vertrauenerweckend, so kleinstädtisch, so altmodisch. Es geht ein paar ausgetretene Steinstufen hinauf. Durch die Türe dringt Klaviermusik. Blonde Burschen hocken an der Theke bei ihrem Bier und rauchen Zigaretten. Die Luft ist ein wenig unsichtig vom blauen Rauch. Wolljacken und Pullover an den Tischen, dazwischen reifere Männer in gut gebürsteten Anzügen und steifen Kragen, auf der Grenze der besseren Bürgerlichkeit, Mittelstand, Kaufleute und Beamte. In flüsternder Unterhaltung beugen sie sich zu ihren jüngeren Begleitern, trinken Bier und Likör, sitzen da in Lauben aus grünem Holzgitter, an dem künstlicher Wein sich heraufrankt. Zwischen den Tischen tanzen Knaben mit Knaben, Männer mit Knaben. Schieben sich hin und her, denn zum Tanzen ist zu wenig Raum. Biegen sich in den Hüften wie ganz schlanke, junge Mädchen, werfen schmachtende Blicke zu den Tischen, Blicke aus dunkelumränderten Augen. Puder und Schminke sieht man hier nicht auf den Gesichtern. Sie haben nichts als ihre junge Frische, die etwas überschattet ist von den durchwachten Nächten und dem langen Hocken in rauchiger Luft. Sie mustern jeden Gast, ob er ihnen nicht eine Einladung zuwinkt zu einem Glase Bier, zu einer Zigarette, zu … Ein kesser Bursche, der sein Blondhaar immer zurückwerfen muss, weil es ihm auf die Stirne fällt, geht in Kniehosen und zeigt seine nackten Knie. An einer Tischecke haben

Eintänzer, 1930.

sich zwei Burschen in blauen Matrosenanzügen niedergelassen. Die Anzüge sind zu blau und die Gesichter zu wenig wetterfest; sie haben sicher niemals ein Schiff betreten außer einem Wannseeboot. Aber es soll Gäste geben, die eine Vorliebe für Matrosen haben. Es gibt ja so wunderliche, so merkwürdige Vorlieben bei den Menschen! Als besondere Attraktion gibt es darum von Zeit zu Zeit in der *Zentral-Diele* an der Stallschreiberstraße sonnabends ein »Matrosenfest«. Man erwartet kein mondänes Lokal, wenn es sich auch Diele nennt, und an Wochentagen ist es meist sehr still. Da warten die Burschen oft vergebens, dass einer sie zu einem Glase Bier einlädt. Beim Matrosenfest aber ist Betrieb, und der Raum reicht kaum, weder das offene Vorderzimmer noch die Logen im Hinterzimmer haben einen freien Platz. Auch das *Café Fritz* an der Neuen Grünstraße hat diese Zweiteilung in Öffentlichkeit und Intimität. Seltsame Menschen, die ihre Sehnsucht in diese halbdämmerigen Lokale treibt, wo ein paar Papierwimpel und ein paar bunte Girlanden von der Decke hängen, wo ein Klavier leiert oder ein Grammophon kreischt, und wo man dies alles als Manifestationen der Lebenslust betrachtet. Die jungen Männer, die hier Stunde um Stunde sitzen und warten, sind meist sehnige Kraftgestalten, deren Muskeln von der Arbeitslosigkeit zur Untätigkeit verurteilt sind. Sie ständen lieber acht Stunden jeden Tag hinter dem Schraubstock oder auf dem Baugerüst und sänken abends werkmüde ins Bett, als hier sich vom endlosen Warten auf einen kleinen Verdienst zermürben zu lassen. Das Lächeln ist ihnen schon zur Gewohnheit geworden, aber wie schlecht steht es ihnen zu Gesicht. Wie ungewohnt sind sie, mit wenigen Ausnahmen, dieses Treibens. Lebhafter und animierter ist der Betrieb bei *Voo-Doo* in der Skalitzer Straße, wohin meist Freundespaare zusammen kommen oder sich treffen. Hier gibt es »Exotische Nächte«, bei denen alles aufgeboten wird, was man sich unter Exotik vorstellt. Aber Exotik scheint ein Relativbegriff zu sein. Ich habe Leute gesehen, die das Exotische nicht fanden, und andere wieder sprachen mit Begeisterung davon. Im *Café Nordstern* an der Linienstraße wird bis drei Uhr nachts getanzt. Der Kellner Erich ist der Star des Lokals und soll als solcher eine Zugkraft sein. Zärtlich aneinandergelehnt sitzen Jugend und reiferes Alter oder wiegen sich im Tanze. Vereinzelt tauchen würdevolle Vollbärte dazwischen auf und schauen leuchtenden Auges in das Treiben. Stark gefragt sind auch die »Freundschaftsbälle« der Vereinigung der Freunde in *Köhlers Festsälen* an der Tieckstraße. Donnerstag, Samstag und Sonntag sind die Jours der Gleichgesinnten.

Vielversprechend der Name eines Lokals an der Alexandrinenstraße in der Nähe des Halleschen Tors, wo auf erzener Säule schwebenden Fußes der geflügelte Genius die Belle-Alliance segnet. Hier, wo der nicht nur dunklere, sondern auch obskurere Teil der Friedrichstraße mündet, sind die schlimmen Bündnisse zahlreicher als die guten. Vom weißen Gift bis zur Liebe jeder Art wird hier alles gehandelt, was sich in Geldeswert umsetzen lässt. *Adonis-Diele* heißt der Ort, in dem aber nichts an den schönen Jüngling der Sage erinnert. In der Nähe, ein paar Schritte über den Landwehrkanal, am Planufer liegt *Monte-Casino* (unerfindlicher Name!). Sie haben beide nichts von galanten Häusern. Schon der Ausschank von Bier erstickt die Illusion, dass hier das Laster Gastfreundschaft finden könne. Man nehme auf alle Fälle einen Brandy mit Soda zu sich, das gibt den Illusionen einen gewissen Spielraum und ist zuträglicher als anderer Alkohol. Der Cognac kann schlecht sein, aber der Soda ist immer gut. Die Klaviere in diesen Lokalen, in denen man immer ein unwiderstehliches Bedürfnis nach Lärm hat, werden meistens so schlecht gespielt, dass man nicht merkt, wie verstimmt sie sind. Manchmal singt der Klavierspieler auch, und etwas Andachtsvolles legt sich auf die Gesichter der Zuhörer. Sie lieben Sentimentalitäten. Sentimentalität narkotisiert das Gefühl. Wenn die Musik verstummt, sitzt sich alles oft so verlegen gegenüber. Man ist froh, nur Zuschauer, nur Beobachter zu sein. Man kann zahlen, aufstehen und gehen. Man ist durch nichts verhaftet an diese Orte, und draußen sind Nacht und Sterne und frische Luft. Von drinnen klingt es uns nach: »Ich bin von Kopf bis Fuß auf Liebe eingestellt.« O arme Liebe! Man macht schlechte Chansons auf dich und man kerkert dich in muffige Schenken …

Kulissenwechsel Kommandantenstraße. *Zauberflöte* heißt das Lokal. Im breiten Torweg schon empfängt ein würdevoll aussehender Herr in dunklem Anzug die Gäste. Herren eine Treppe hoch, zum Florida-Saal. Im Treppenhaus geheimnisvolle Zeichen: BfM. Unkundige deuten: Bund für Männer. Eingeweihte wissen, dass es das Zeichen des Bundes für Menschenrechte ist, der gegen die Entrechtung der Gleichgeschlechtlichen und gegen ihre Ausnahmestellung gegenüber dem Gesetz kämpft, gegen ihre Ächtung und Verfolgung. Hier herrscht Garderobezwang und es wird bescheidener Eintritt erhoben. Man sieht sofort, wie sehr hier auf Ordnung gehalten wird. Höflich, aber konsequent werden weibliche Gäste, auch in männlicher Begleitung, zurückgewiesen. Selbst der Hinweis, dass bereits Damen im Saale anwesend seien, fruchtet nichts. Es wird uns lächelnd bedeutet, dass das ein Missverständnis zu sein scheine. Und die beiden Abendkleider an einem kleinen Tische sind als Verkleidung schon legitimiert. Der Saal ist geräumig, aber ziemlich voll. Nur wenige der kleinen runden Tische sind frei. Zu zweien, dreien und vieren sitzen die Gäste im schummrigen Licht. Der Raum ist orientalisch dekoriert. Zauberflöten-Stimmung. Palmen, Lampions … Das Parkett ist voll von

Im Eldorado, 1929.

Tänzern. Wie ruhig, rhythmisch, graziös tanzen diese Menschen. Alle um die zwanzig herum. Blond, braun und schwarz, glatt gescheitelt und gepflegt, gut gekleidet, blanke Augen, frische Gesichter. Die Unterhaltung wird in gedämpftem Ton geführt, das Laute scheint absichtsvoll gemieden. Auffallend ist, wie wenige hier Alkohol genießen. Auf den meisten Tischen stehen hohe Gläser mit Limonade, darin der Strohhalm. Ein sympathisches Bild, diese schmalen tanzenden Gestalten. Nur hie und da ein allzu weibisches Gewiege der Hüften, eine allzu scharf eingeschnittene Taille, vom Sakko betont. Plötzlich wechselt das Licht. Die Lampions verlöschen. Rote Scheinwerfer beleuchten die Tanzfläche. Der Geigenspieler sagt an: »Gesellschafts-Tyrolienne!« Die Paare ordnen sich und umschreiten zur Musik in der Runde den Tanzraum, bleiben stehen, zwei Kreise, Gesicht gegen Gesicht, umfassen sich und tanzen drei Schritte seitwärts, dann einen hin und zurück. Dann verschiebt der äußere Kreis sich um einen Tänzer nach rechts und man tanzt mit dem Nebenmann seines früheren Tänzers und so geht es bis zum Schluss. Man tanzt mit ruhiger Hingebung an die Musik, an den Tanz, an den Partner. Man tanzt in einer wunderlichen Liebesseligkeit. Eine wunderliche Welt, wunderliche Menschen. Die jungen Damen, die keine Damen sind, aber so selbstverständlich und anmutig sich in ihren langen Abendkleidern bewegen, tanzen zwischendurch zusammen oder mit anderen jungen Männern. Nur ihre Hände verraten sie, die ein wenig zu derb sind, und dann die nackten Arme, die keine weibliche Linienweichheit haben.

Im Westen, Ecke Bülow- und Frobenstraße, liegt *Dé Dé*, die Nachtbar des Herrn, die wegen ihrer beschränkten Räume Gesellschaftsbälle meist im Hause »Gesellschaft der Freunde« an der Potsdamer Straße abhält. Nicht weit von *Dé Dé*, in der Neuen Winterfeldtstraße, Ecke Gossowstraße, leiten »Bruno und Bobby« ihre *Laterne* als Bar der guten Gesellschaft jener Kreise. Im *Hollandais* unter dem Hochbahnbogen der Bülowstraße gibt es allabendlich ab acht Uhr Tanz und sonntags vereinigen sich die Freundespaare sogar zum Tanztee genau wie die »andern«. Es ist merkwürdig um diese Abkehr vom weiblichen Geschlecht. Man kann das Weibliche auch hier nicht entbehren. Das Ewig-Weibliche zieht auch sie, die anders als die andern sind oder zu sein vorgeben, wenn nicht hinan, so doch hin und an. Nur suchen und lieben sie es in männlicher Packung. Ja, sie lieben es sogar in einer gewissen Verdichtung, in der Kondensierung, sie suchen gleichsam das Überweibliche, denn so weibisch wie ein weibischer Mann kann keine Frau sein.

Je eleganter das Lokal, umso effeminierter ist der eine Teil der Männer. Im vornehmeren Westen vollzieht man die Angleichung ans andere Geschlecht mit

Puderquaste und Lippenstift. Man ist etwas verschwenderisch mit Parfüm und kokettiert mit seidener Wäsche in süßen Farben. Man ist pomadisiert und geschniegelt, onduliert und epiliert. Man trägt die weiche Tolle. Man blickt aus Belladonnaaugen schmachtend und träumerisch. Man lebt hier ein wenig nach der Literatur. Oscar Wilde und sein Dorian Gray sind die Schutzgeister und Hausgötter, denen man Weihrauch streut. Echtheit und Imitation der Inversion mischen sich hier so seltsam, dass man davon verwirrt wird und geneigt ist, das Ganze für eine Komödie zu halten. Es schmeckt nach einer Modeströmung. Man hegt den Verdacht, als ob die meisten in dieser Gesellschaft augenblicklich Homosexualität trügen, weil sie so kleidsam ist, weil man gewissen Leuten damit imponieren kann, weil man damit auffällt. In diesem Gemisch von Echten und Unechten begegnen die Echten den Unechten mit einem verächtlichen Achselzucken. Es herrscht in diesen Kreisen ein strenger Kastengeist. Die Inversion schafft eine gewisse Exklusivität. Aber sie ist notwendig als eine Schutzwehr gegen das feindliche Draußen.

Aber es gibt auch ein tolerantes Draußen. Diese Toleranz beruht mehr auf Indifferenz als auf Verständnis; sie beruft sich auf den Grundsatz, jeden nach seiner Fasson selig werden zu lassen, auch in der Liebe. Dieses tolerante Draußen ist es, das gern und oft in die Rendezvousplätze der Inversion einbricht, um das wunderliche Schauspiel zu genießen. Dann wird ein solches Lokal ganz plötzlich große Mode und es gehört zum guten Ton, dort zu verkehren. Man muss einfach da gewesen sein und man spricht davon in der Gesellschaft. Dann bricht natürlich auch das weibliche Element dort ein und verwischt bald durch seine Übermacht, die nicht zahlenmäßig sein muss, um doch geltend zu werden, den eigentlichen Charakter der Stätte. So erging es dem als »Montparnasse in Berlin« deklarierten *Johnny's Night Club* in der Kalckreuthstraße, der auch ohne die ausdrückliche Berufung auf Paris einladend und ein behaglicher Aufenthalt war. Der elegante Westen hat es sehr bald entdeckt, okkupiert und nun blockieren in den späten Nachtstunden die rassigen Autos der Monde die Anfahrt. An der Garderobe drängen sich tiefe Dekolletés, weiße Schultern, blonde Bubiköpfe neben den ernsteren Smokings. Die ursprünglichen Stammgäste sehen sich auf ein paar hohe Stühle an der Bar beschränkt und haben mit Mühe ein paar Winkel behauptet.

Aber die Invasion wird schon wieder abflauen. Das Berliner Nachtpublikum kennt keine besondere Anhänglichkeit, es hat keine Neigung zum Habitué, es jagt der Sensation nach. Dann wird es auch unter dem in so sanften Farben spielenden japanischen Schirm in der Kalckreuthstraße, auf den weichen Polsterbänken und in den netten Winkeln wieder hinreichend Raum geben für die, die ein Vorrecht darauf haben. Dann wird man hier wieder unter sich sein und das Lächeln des Mixers und des Zigarettenboys scheint nur über die »Gerechten«.

Seit *Johnny's Night Club* entdeckt und überflutet wurde, verwaiste ein wenig *Freddys Jokey* an der Lutherstraße. Zu Unrecht, denn hier war und ist es, trotz der Enge, in der man zwischen bunten riesigen Plakaten sitzt, sehr gemütlich. Man fühlt sich nicht einmal durch das Tanzverbot beschränkt, denn wo sollte man hier schon tanzen, wo es schon einer akrobatischen Geschicklichkeit bedarf, sich zwischen den Tischen und Stühlen hindurchzuschlängeln. Manchmal bekam man hier nur einen halben Platz pro Person, die andere Hälfte legte man beim Nachbarn oder bei der Nachbarin ab. Aber Fülle ist immer ein unfehlbarer Stimmungsmacher und darum herrschte hier eine so gute Laune, die gesteigert wurde, wenn ein kleines blondes Matrosenmädchen auf dem Flügel herumtanzte und Chansons und Songs mit dünner Stimme und frechen Gesten herunterschmetterte. Manchmal ist es auch eine kleine Negerin, die allerhand witzige Tanzgrimassen mit ihren beiden Gesichtern bakert. Und über all dem lustigen Treiben schimmert Freddys schöner weißhaariger Kopf mit dem impertinent jungen Gesicht. Man könnte vergessen, dass man in Berlin ist, so gut ist der Jockey seinem Pariser Urbild nachgeahmt.

In einer bürgerlichen Wohnstraße des Westens (Geisberg-, Ecke Culmbachstraße), an der Grenze des neuen Vergnügungszentrums zum Bayerischen Viertel vorgeschobener Vorposten, zwischen der Gedächtniskirche und dem Bayerischen Platz, in dessen Nachbarstraßen in besseren Tagen und bei glanzvollerem Börsengeschäft mit Vorliebe die »femmes entretenues«, die halb bürgerlich verankerten Halbweltlerinnen ihre luxuriösen Domizile aufschlugen, liegt die kleine gemütliche *Silhouette,* trefflich geeignet, einen Ausflug ins nächtliche Berlin zu beschließen.

Prachtlos, glanzlos nach außen hin, aber innen behaglich und warm wie ein Boudoir. Der Name an der Front in Silberbuchstaben ganz rokokohaft. Innen keine Weite, aber stets Fülle. Blauer Zigarettendunst schleiert wie ein diskreter Vorhang in der Türe, die ein betresster Vollbart öffnet. Streichmusik und ein freundlich lächelnder Maître empfängt uns. Der kleine Vorraum mit der Bar, an der schlanke Jünglinge ihr Gemixtes schlürfen und aus Mandelaugen tiefsinnig in die Gläser blicken, verengt sich. In dieser Enge, in diesem Korridor tanzt man auf weichem Velours. Zu beiden Seiten, ein paar Stufen höher, hinter Balustraden intime Logen, in denen man sich für ein paar Viertelstunden als Zuschauer niederlassen kann. Aber Polstersessel und Bänke sind meist schon von den Akteuren der ausgelassenen amourösen Komödie, die sich hier abspielt, in Beschlag genommen. Ohne Paravents und Seidengardinen bekommt doch jeder Tisch, jede Ecke die Abgeschlossenheit, die man sich wünscht, und die Atmosphäre des Raumes suggeriert uns die Ungeniertheit, die für eine Stunde der Selbstvergessenheit erforderlich ist. Es gibt jene niedlichen Kleinigkeiten für die Damen, jene schmeichlerischen Aufmerksamkeiten, mit denen sie so ausgelassen zu spielen verstehen und durch die sie uns daran erinnern, dass sie ihr Spielzeug noch lange nicht aus der Hand gelegt haben. Die meisten Gäste erscheinen bereits mit weiblicher Begleitung und es sind vielfach schöne und elegante Frauen anzutreffen, deren Legitimität auch dann nicht anzuzweifeln ist, wenn sie sich in einen Augenflirt mit dem Nachbartisch einlassen.

Immer gibt es aber auch ein paar Damen, die einer freundlichen Einladung zu einem Glase Wein oder Sekt nicht abgeneigt bleiben, ohne aus dieser Neigung zu amüsanter Geselligkeit unbedingt einen Beruf zu machen. Sie sind Amateurinnen in der Kunst, in galanter und anmutiger Weise nicht Nein zu sagen.

Früher besaß dieses Nachtlokal eine Stammkundschaft aus jenen Kreisen, in denen die Frau mit Verachtung und Unwillen angesehen wird und dementsprechend war die jugendliche Männerwelt hier nur selten mit Weiblichkeit untermischt. Heute aber dominiert die Frau, sie hat die Andersgläubigen aus dem

Gäste an der Bar, 1926.

Felde geschlagen und nur in vereinzelten Exemplaren machen sie noch Besuch an einst geweihter Stätte ihres Kults.

Lesbische Lokale

Nicht geringer als die Zahl der Männerlokale sind die Filialen von Lesbos in Berlin. Auch sie sind einfacher und bürgerlicher, mehr zur Behaglichkeit und Traulichkeit als zu Eleganz und Luxus und Pomp tendierend wie in Paris, wo sich in ihnen die Grand Monde ein Stelldichein gibt. Die mondänen Lesbierinnen, die drüben die Stationen ihrer Abweichung vom normalen Wege in die Öffentlichkeit verlegen, ziehen hier die Intimität vor und treffen sich in ihren eigens auf diese Art von Geselligkeit eingestellten Klubs, wo sie der beobachtenden Neugier der Öffentlichkeit entzogen sind, oder sie treffen sich an Orten, die als Treffpunkte der Andersartigen nicht deklariert sind. Nicht aus philiströser Moral, nicht aus irgendeinem Schamgefühl. Sie mögen den Gummistempel nicht, das ist alles.

Wieder andere Frauen, die durch und durch normal, nur mit dem Gedanken an einen Ausflug ins Anormale gelegentlich kokettieren, suchen mit Vorliebe die ihnen fremde und darum so reizvolle Atmosphäre der Damenlokale auf. Meist in männlicher Begleitung, denn nicht überall ist diese verpönt. Man ist sehr duldsam gegen das andere Geschlecht, dort wie hier, bei den Männern sowohl wie bei den Frauen; man gewährt einander das Gastrecht. Viele Frauen tanzen sogar gern mit Männern, die erotisch an ihnen desinteressiert sind, die ihrer Veranlagung nach mehr Tänzerisches in den Gliedern haben, denn das Geheimnis der Weiblichkeit ist das Geheimnis des Rhythmus.

Bei den lesbischen Frauen ist es anders. Sie tanzen nicht mit Männern, sie dulden sie nur allenfalls als Gäste. Unausgesprochen gilt der Grundsatz: »Männer haben hier zu kuschen!« Und manchmal ist die Zulassung überhaupt eine ganz ausnahmsweise Vergünstigung.

Eine der ältesten Stätten lesbischer Frauen ist die noch bestehende, aber längst nicht mehr attraktive *Hohenzollern-Diele* an der Bülowstraße. Sie war schon ihr Treffpunkt, als dies öffentliche Auftreten eine Demonstration, ein Protest gegen das herrschende Sittengesetz bedeutete. Die alten Stammgäste, soweit sie nicht zu Konkurrenzlokalen abgewandert sind, treffen sich hier auch heute noch allabendlich zu einem Mokka und man tanzt ein wenig. Man fühlt sich unter sich, denn Außenseiter sind selten, und kann darum sehr familiär miteinander verkehren. Man benimmt sich zuweilen sogar demonstrativ in der Abwendung vom Weiblichen und stimmt die Unterhaltung auf den Ton, der vom anderen

Geschlecht, wenn es sich um den Stammtisch versammelt, als sein Prärogativ betrachtet wird. Die anwesenden Frauen verraten in Erscheinung und Benehmen Reife und Erfahrung. Ihr Anzug ist schlicht, alltäglich, mit betonter männlicher Note. Wenn der Tisch den Rock verdeckt, könnte man einzelne nach Haarschnitt, Kragen und Krawatte für Männer halten. Nicht einmal die Stimme legitimiert sie als Frauen. Man ist manchmal betroffen von ihrem dröhnenden Bass. Ihre Echtheit dürfte über jeden Zweifel erhaben sein. Feingliedrige, schlanke, ganz mädchenhafte Frauen, weit jünger als die Freundin, sitzen zwischen ihnen. Sie verkörpern hier das weibliche Prinzip, sie sind in diesen Bündnissen der passive Teil; ihr Charakter spricht sich in allem aus, in ihrer Haltung, ihrer Anlehnung, in ihren Blicken, ihren Gebärden, ihren Worten. Sie sind die Personifikation des Ehefrauentums. Selbst in der vom Normalen abweichenden Liebe wiederholt sich das gleiche Spiel wie in der normalen: sie endet in der Ehe.

Man ahnt hinter diesen fast hausbackenen Frauen nichts von den merkwürdigen Sehnsüchten, die ihr Blut erregen und die ihre antibürgerliche Existenz bestimmen. Man denkt vor ihrem so sehr beruhigten Gesicht nicht an die aufwühlenden Wünsche, die sich darin abzeichnen können. Und das Auge schweift, um menschliche Erkenntnisse reicher geworden, reicher geworden um das Wissen von der Rätselhaftigkeit des

Lebens, wieder zu den gleichgültigen Wänden, die von der Zeit gedunkelt sind.

Die Bülowstraße und ihre Nachbarschaft ist das Quartier der lesbischen Liebe. Im Nationalhof hat der *Damenklub Violetta* seinen Sitz. Es ist für die vom anderen Geschlecht schwer, Zutritt zu erhalten. Man scheut ihre zudringliche Neugierde, denn man möchte unter sich sein. *Violetta* ist für viele lesbische Frauen das Heim, das sie anderwärts entbehren müssen. Kleine Angestellte verbringen hier ihre freien Abende, suchen hier Zerstreuung, Unterhaltung, Gemütlichkeit, Liebe. Der Mensch braucht so sehr die Liebe, er braucht sie wie das Feuer im Winter, wie das Wasser, wenn er dürstet. Was ist das Leben ohne Liebe? Der Tag hat nichts als Arbeit für sie, das Leben viel Sorgen, so suchen sie denn die Liebe, jene Liebe, nach der sie verlangen, für die sie von der Natur geschaffen worden sind. Wenn es nicht die richtige Liebe ist, was können sie dafür? Man muss die Natur dafür verantwortlich machen. Sie wird schon gewusst haben, was sie damit wollte. Die Natur irrt nicht, sie ist weiser als wir …

Hier finden sie ihre gute Laune wieder, diese jungen Frauen, die tagsüber hinter Ladentischen an den unfassbaren Wünschen kaufender Kunden ihre Geduld üben und freundlich sein müssen, hier finden sie das echte Lachen wieder, das sie einen ganzen Tag lang haben spielen müssen, hier finden sie die mitfühlende

Leidensgenossin des Alltagsdaseins und hier dürfen sie ihre Einsamkeit vergessen. Wenn sie tanzen, ist alles Schwere von ihnen genommen. Dann spüren sie die Lebenslust, die während des Tags in ihnen verschüttet war. Oder sie sind ganz Aufmerksamkeit, wenn eine der ihren ihnen Wissenswertes und Belehrendes vorträgt. Sie haben eine Sportgruppe gebildet und sie geben sich mit größtem Eifer den Übungen hin, in denen ihr Körper sich dehnen und stählen, sich von den zermürbenden Wirkungen der Arbeit befreien kann. Sie suchen nicht nur Geselligkeit, sie nutzen ihren Zusammenschluss auch zum Kampf gegen die noch bestehende Feindlichkeit der Gesellschaft gegenüber der andersgearteten Frau. Zwar, der zugreifenden Hand des Gesetzes ist sie entschlüpft, aber die kleinbürgerliche Moral verfolgt sie mit dem Brandmal der Minderwertigkeit.

Ein paarmal in der Woche lässt *Violetta* zu den offiziellen Tanzabenden ein. Dann öffnet sich der »Rote Saal«. Man tanzt unermüdlich unter den wechselnden Farben der Scheinwerfer. Die »Herren« trinken Bier, die Damen schlürfen Mokka, und alles lebt in Eintracht und Frieden miteinander. Das heißt, den Frieden stören nicht selten kleine unfriedliche Intermezzi. Die Treue ist hier kein leerer Wahn, und eifersüchtig wacht man über sie. Da bricht denn hie und da die Leidenschaft über die Zäune, wenn sich die Freundin allzu hingebend in den Arm einer andern Kavalierin geschmiegt hat, oder allzu innige Blicke von einem Tisch zum andern getauscht worden sind. Aber man besänftigt sich bald wieder, die Eifersucht verloht unter einem zärtlichen Händedruck, unter einer geflüsterten Liebkosung, die als neues Treugelöbnis gilt … Eine Blumenfrau tritt auf den Plan … Wandert von Tisch zu Tisch … Die Damen sind aufmerksamere Kavaliere als ihre heterosexuellen Pendants. Sie haben eine leichtere Hand, sie sind chevaleresker. Sie kaufen der Freundin ein paar Blumen und überreichen sie ihr mit glücklich leuchtenden Augen … Bedankt von einem warmen Blick des Verstehens, der Verheißung, der Liebe …

Gegenüber der Alvenslebenstraße winkt eine Affiche *Dorian Gray*. Auch hier sind die Frauen die Habitués. Das Lokal ist eines der ältesten dieser Art, bereits geweihte Stätte des sapphischen Eros, an der aber auch dem mannmännlichen Bruder ein Gastrecht eingeräumt wird. Allerdings bei reinlicher Scheidung. Man sondert die Herren- und die Damentage. An den »Damen-Elitetagen« ist »Bunter Abend«. Und in der Tat tritt hier der Gast in eine bunte Welt voll schillernden Flitters. Das Licht brennt gedämpft hinter chinesischen Schirmchen und farbigen Behängen. Farbige Fetzen hängen von der Decke, wehen über dem Trubel des Tanzes, flattern … Wie manchmal die Neigungen, die sich an dieser Stätte entfalten, denn es ist der Ort flüchtiger Bündnisse … Bündnisse, die der Augenblick segnet … Man findet immer ein paar originelle interessante Typen. Und man sieht auch schon einmal eine sehr hübsche Frau, die uns in Versuchung führen könnte, sie zu jenem andern Eros zu bekehren, der in Cythera seine Zelte aufgeschlagen hat …

Nicht weit ist von hier zum *Café Olala* in der Zietenstraße. O-la-la … Der Name ist ein Versprechen, aber das Milieu stellt dieses Versprechen in Frage. Es sei denn, dass er eben das Fragwürdige des Ortes andeuten möchte. Trübe Fensterscheiben sind keine gute Visitenkarte und das Ungepflegte des Raumes empfiehlt ihn nicht sonderlich. Man merkt, dass man sich hier im Revier der Frauen mit dem horizontalen Handwerk befindet. Für einen Augenblick huschen sie herein, um sich durch einen Schluck aus dem Schnapsglas ihrer Freundin zu stärken, und wieder nehmen sie draußen ihren Platz ein im Lichtkreis der Laterne. Es ist ein Kommen und Gehen … Selbst die Lampen scheinen hier trüber zu brennen … Denn das Leben ist so trüb … Es scheint keine Freude darüber …

Sie beherrscht das Leben in einer andern Stätte, die unter dem Namen *Toppkeller* in Kreisen der Eingeweihten hohes Ansehen genießt. *Toppkeller* – das ist die Parole, die man sich zuflüstert, wenn man einen kühnen Ausflug in die dunkelroten Gefilde des Ungewöhnlichen machen will. Wo man mit dem Laster kokettiert, da ist der *Toppkeller* ein Begriff, ein Inbegriff, das Schlüsselwort einer Geheimsprache. Es ist kein ausgesprochenes Frauenlokal. Es sind dort auch Männer von »der anderen Seite« zu treffen und ebenfalls Männer und Frauen, die sich durchaus keiner gegenseitigen Abneigung bewusst sind. Sie kommen als Voyeure, als lüsterne Zuschauer, als neugierige Belauscher des seltsamen Treibens. Und aus allen diesen Süchten und Lüsten mischt sich die etwas schwüle Atmosphäre des Ortes, wo so verschiedenen Gottheiten geopfert wird. Der Raum hat weder Reiz noch Glanz. Nur mühsam verdecken die billigen Ausschmückungen seine Armseligkeit. Allzu verschwenderisch ist mit buntem Papier gearbeitet worden, das in Girlanden von der Decke hängt. Jahrmarktsflitter verkleidet die tristen Wände und die Tische zeigen keine Eleganz. Hier begegnen sich jene beiden Welten, von denen die eine sich nachsagen lassen muss, dass sie »demi« sei, und die andere nach dem Attribut »grand« schielt und dies mehr oder minder mit Erfolg. Der Durchschnitt ergibt rechnerisch ein »Dreiviertel«. Es gehört schon etwas Orientierungssinn dazu, den *Toppkeller* im Straßengewirr des Viertels um den Bülowbogen ausfindig zu machen. In tiefer Dunkelheit liegt meist die Schwerinstraße zwischen Froben- und Zietenstraße, früher ein Domizil der reglementierten Prostitution, die ihr auch nach der Abolition Anhänglichkeit bewahrt hat. Ein langer dunkler, nur vom gelben Licht einer Laterne notdürftig beleuchteter Gang führt zum geheimnisvoll versteckten Keller, der ein paar Stufen tief liegt. Man durchschreitet den Vorraum, in dem zechende Männer lärmen. Dahinter der eigentliche Saal. Es gibt oft sehr hübsche Frauen dort, Frauen von jener Gattung, die sich die Willigkeit zur Pflicht gemacht haben. Sie warten auf die späten Stunden, in denen die vornehmen Gäste aus dem Westen kommen. Nicht zum Verweilen, zu kurzem, flüchtigem Aufenthalt, im Vorübergehen. Manche werfen nur einen Blick herein und gehen wieder, andere setzen sich, ohne den schweren Pelz von den Schultern zu streifen, ohne die Handschuhe abzulegen. Das Monokel blitzt über die Nachbartische, wählende Blicke mustern. Es sind Damen von Welt, Damen von den Brettern, die die Welt bedeuten, und andere mit prominenten Namen. Man sieht bekannte Tänzerinnen, auch Malerinnen, Frauen aus den Kreisen der besten Gesellschaft, die als Gäste nur in Klubs verkehren, und hier nur eine Passage sehen, der sie bald wieder entschlüpfen. Sie kommen hierher mit ihren unsteten Wünschen, ihren Launen, ihrem unruhigen Herzen und ihren wechselsüchtigen Begierden. Sie suchen eine »Freundin«, eine Partnerin, ein Spielzeug für ihre kapriziösen Sinne, eine erotische Sensation. Sie kommen hierher, weil der Ort eine Börse ist, wo man findet, was man sucht, ohne viel Mühe ...

Unweit beginnt die Kleiststraße. Ecke Eisenacher Straße die *Verona-Diele*. Auch sie ist »Lieblingsaufenthalt aller Freundinnen«, aber nicht ausschließlich ihnen eingeräumt. Dem eleganten Westen näher, nahe der Gedächtniskirche, dem von Flammenschriften umglühten »Nabel Berlins«, in der Marburger Straße die *Domino-Bar*. Die Tauentzienstraße ist nur ein paar Schritte weit. Das spürt man hier. »Sapphische Nächte« verheißt das Schild des Mannes, der an der Ecke wirbt. Ein andermal ist es ein »Japanisches Blütenfest«. Die Lampe vor der Eingangstür kann nicht anders als rot sein. Auch die Musik ist rot, denn rot ist ja die Farbe des Tangos, der so sinnlich aus den Instrumenten fließt wie ein süßer Likör. An der Bar sitzen Smokings und schlürfen Cocktails, verwandeln unzählige Zigaretten in blauen Dunst und tun, als ob sie Männer wären. Dennoch verachten sie dies Geschlecht, dem sie sich so intensiv assimilieren, das sie kopieren bis in seine Äußerlichkeit hinein. An den Tischen des in Rotlicht verschwimmenden Hinterzimmers, sitzt nonchalant bei Wein und Drinks elegante weibliche Lebewelt in weiß überpuderten Gesichtern, blühen zinnoberrote Lippen. Tizianrotes Gelock ringelt sich um die blauen Schläfen. Der Belladonnaglanz der Augen schimmert zwischen schwarzummalten Lidern. Einzelne Frauen enthüllen im tiefen Dekolleté ihre Reize, sie tauschen Zärtlichkeiten mit ihren virilen Partnerinnen. Ein Smoking beugt sich über eine blendende Schulter, die lüstern zusammenschauert. Hände suchen sich über der Tischplatte und verschlingen sich. Ringe klirren aneinander. Im Tempelbezirk der Sappho kennt man keine Scheu vor den Neugieraugen der Fremden. Man trägt seine Abnormität wie eine pikante Nuance. Man exhibitioniert mit der vibrierenden Lust am Perversen. Insgeheim ist man ja dem Publikum so dankbar, dass es sich die Mühe nimmt, zuzuschauen und zu staunen. Man braucht dies bisschen Theater, dies Schauspielen. Sonst machte ihnen die ganze Perversität keine Freude. Hier gibt es auch Priesterinnen der Sappho, die einen gelegentlichen Abstecher ins Reich der heterosexuellen Liebe nicht als ein unverzeihliches Vergehen an den strengen Gesetzen ihrer Schutzherrin betrachten, und so kokettieren sie denn zur Abwechslung einmal mit einem von der »andern Seite«. Aber das ist nur ein Ausnahmefall. Meist wird jeder Versuch männlicher Annäherung mit lächelnder Liebenswürdigkeit zurückgewiesen, denn bei den echten Virilen schließt die Natur jedes abweichende Interesse aus und die femininen Frauen müssen die Eifersucht ihrer argwöhnischen Partnerinnen fürchten.

Männer ausgeschlossen! Das ist Prinzip im Damenklub *Monbijou,* der im Tanzpalast *Zauberflöte* an der Kommandantenstraße im Erdgeschoss tagt. An diesem Grundsatz wird mit äußerster Strenge festgehalten. Weibliche Gäste werden zugelassen. Wer als Mann hinein will, der muss sich gut verkleiden können. Dann allerdings ... Was man im Übrigen an Männerkleidern

Klub Monbijou, um 1930.

sieht, das sind natürlich Frauen. Aber ein Mann wird in Männerkleidern niemals so aussehen, wie eine verkleidete Frau. Während er in Frauenkleidern nicht so leicht zu erkennen ist, denn es gibt dort Frauen, die noch männlicher aussehen als ein Mann. Die Kontrolle am Eingang wird mit polyphemischem Argwohn ausgeübt. Sie ist selbst für geübte Augen nicht leicht, denn hier sind die Unterschiede zwischen den Geschlechtern zu sehr verwischt.

Im Klub *Monbijou* gibt es eine ganz offizielle Scheidung in »Bubis« und »Mädis« – jenes die maskulinen, dieses die femininen Frauen. Beim sogenannten Glockentanz bekommen die »Bubis« Glocken, mit denen sie ihre »Mädis« heranläuten. Dann gibt es einen Tanz für die »süßen Muttis«, an dem die »Vatis« nicht teilnehmen.

An den Festabenden ist der sanft erleuchtete Saal in wechselnde Lichter getaucht, lila, grün, rot ... Alles ganz zauberflötenhaft ...

Exklusiver, eleganter, mit westlicher Note ist der Klub *Monbijou des Westens,* der sein Stammlokal in der Ecke Luther- und Wormser Straße besitzt. Unter den Eingeweihten heißt es nur *Mali und Igel.* Dies sind die Spitznamen der beiden Leiterinnen, zwei prächtige witzige Frauen, die eine unerschöpfliche Laune versprühen und eine Atmosphäre des Frohsinns und der Heiterkeit verbreiten, die auch von einigen Männer, denen man als alten Bekannten ausnahmsweise Gastfreundschaft gewährt, sehr geschätzt wird. Wer als gewöhnlicher Sterblicher männlichen Geschlechts den Eckeingang trotz der Warnung »Geschlossene Gesellschaft« betritt, der hat einen freundlichen, aber entschiedenen Hinauswurf zu gewärtigen. Neugierige dürfen das Heiligtum nicht betreten. Ihnen ist ein kleiner Nebenraum mit besonderem Eingang eingeräumt. Wer verwegen genug ist, wird allenfalls einen Blick durch die Verbindungstüre tun können. Die dicht verhängten Fenster, die so geheimnisvoll aussehen, verbergen keine orgiastischen Mysterien, hinter ihnen haust die Behaglichkeit intimen Klublebens, das in vorgerückter Stunde nur etwas ausgelassener und trubeliger wird. Die männlichen Frauen sind ritterlicher als der männliche Mann, sie kennen ihre Kavalierspflichten. Frauenschönheit und -eleganz sind hier keine seltenen Erscheinungen. Man kennt sich untereinander und auf dieses Bekanntsein ist der Ton abgestimmt. Das Klavier neben der Bar feiert nie lange, denn die Damen sind von unermüdlicher Tanzfreudigkeit. Allerdings das Parkett unter der roten Ampel, die einen so weichen Schein auf die Gesichter wirft und dem Haar so schöne Reflexe entlockt, ist sehr klein. Ein Blick über die in den Polstern aneinandergeschmiegten Frauen straft den Klavierspieler Lügen, wenn er parodierend singt: »Ich hab' von Kopf bis Fuß die Liebe abgestellt ...« Nein, sie lieben mit der Intensität ihres abwegigen Gefühls, das innigerer Bande fähig ist als jene andere Liebe, die alltäglich ist. Die Bilder an den Wänden sind ästhetische Bekenntnisse zu der Liebe, die ihren Namen von Lesbos empfangen hat: schöne nackte Mädchengestalten, verschlungen und verbunden, verträumt oder ekstatisch, hingegossen oder aufgebäumt, schön, nichts als schön ... Dazwischen hängen die Bilder prominenter Mitglieder. Widmungen danken für das Wohlbehagen der Gastfreundschaft, die sie in diesen Räumen genossen, für die schönen seligen Stunden der Geselligkeit, die sie hier verlebten ... Und Igel, die so gar nichts von der Stachligkeit ihres Namensvetters hat, ist der gute Genius des Ortes, der alle Missstimmung verscheucht wie ein unbändiger Puck. Die Bälle, die der Klub *Monbijou* unter Ausschluss der großen Öffentlichkeit alljährlich in irgendeinem großen Saal veranstaltet, sind ein gesellschaftliches Ereignis, von dem man in den vornehmen Kreisen Berlins spricht, nein, flüstert, denn etwas Geheimnis macht ja die Angelegenheit viel reizvoller.

Hier gibt es Transvestiten ...

In den meisten dieser kuriosen Lokale begegnet man vereinzelt Mädchen, die als Knaben, und Knaben, die als Mädchen kostümiert sind; das ist kein Maskenscherz in der Faschingszeit. Sie haben wohl schon etwas von Transvestiten gehört. Das sind jene Männer und Frauen, deren Inversion sich nicht auf das seelische Andersempfinden beschränkt, sondern die zu deren Befriedigung auch die Tracht des Geschlechts, das so hochprozentig in ihnen vorhanden ist, anlegen müssen. Manchmal ist dieser Drang von unwiderstehlichem Zwang begleitet, manchmal ist der Verkleidungstrieb nur eine kokette Geste, ein Spiel der Laune, eine Manifestation des Geltungsbedürfnisses.

Obwohl nicht so zahlreich, haben die Transvestiten doch gewisse Stammlokale, in denen sie auftreten und sich zeigen, denn bei einigen ist mit diesem Verkleidungsbedürfnis auch das Bedürfnis verbunden, in dieser Verkleidung gesehen zu werden. An der Puttkamer Straße liegt der *Mikado*. Die Aufmachung möchte orientalisch wirken. Viel Buntheit unter rötlichem Ampellicht. Ein Klavier und eine Geige spielen, bemühen sich um Stimmung. Der Verkehr ist meist nicht sehr lebhaft. Die Gäste an den Tischen, in den Nischen sind zu zählen. Drei, vier, fünf oder mehr »Damen« beherrschen die Situation. Sie treten zu den Tischen, fordern eine Einladung heraus, ermuntern zu einer Anknüpfung. Zwischendurch tanzen sie zusammen, obschon eigentlich »Tanzen polizeilich verboten« ist. Warum? Ist Tanzen ein Verbrechen? Manchmal betreten Kleinbürger, behäbig und etwas verlegen, das Lokal, zuweilen sogar mit ihren dicklichen Ehefrauen. Was suchen sie hier? Haben sie sich verirrt? Wollen sie ihre provinzielle Tugend in Versuchung führen lassen, oder wollen sie einen Blick in den »Abgrund« tun, um nachher davon erzählen zu können? Eine von den »Damen«, die hier in etwas schreiender Abendtoilette herumsitzen und ihr Bier oder ihren Cognac trinken, löst sich aus dem Kreise und tritt an den Tisch. Man lädt sie ein, sich niederzulassen, und es kommt eine zögernde Unterhaltung zustande. Die Leute sind befangen, als stünden sie im Examen, sie wissen sich nicht zu helfen, sie kennen sich nicht aus. Sie ahnen nicht, dass die »Dame« gar keine »Dame« ist, sondern ein Mann. Jetzt wird die Musik leidenschaftlich. Eine schlanke Person, sehr graziös, behänd, steht auf und fängt an zu tanzen. Sie parodiert, die Röcke raffend und ihre schlanken Beine bis zu den Schenkeln zeigend, die Pawlowa in ihrer Kreation des sterbenden Schwans, frech, verwegen, herausfordernd. Sie hat kleine Füße, schmale Fesseln, ein erregendes Bein. Wer vermag zu denken, dass sie kein Weib ist? Und die Rothaarige, die sich an unserem Tisch niedergelassen hat und mit uns in allen Sprachen der alten Welt konversiert, antwortet auf die Scherzfrage nach ihrem Geschlecht, ob Mann oder Frau: »Weder noch! Ich bin ein ›Herrchen‹!« Rein äußerlich, wie sie dasitzt, entbehrt sie keines der Attribute, die Signum des Weiblichen sind. Unter dem tiefausgeschnittenen

Tanz im Eldorado, um 1930.

Kleide zeichnet sich ein vollentwickelter Busen ab. Die Gummifabrikation ist auf der Höhe der Technik und dieser »Sie-Er« beweist es ... Man erzählt sich ergötzliche Anekdoten von angeheiterten Provinzonkels, die hier der Täuschung erlegen sind und einen unvergesslichen Reinfall erlebten. Die Privatappartements dieser »Damen« sind nicht weit. Dort empfangen sie ihre Anbeter.

Für die weltstädtische Schaulust inszenierter Transvestitenbetrieb hat seine Stätte im *Eldorado* an der Lutherstraße gefunden. Ein Tanzsaal größeren Stils mit einem äußerst eleganten Publikum. Smokings und Fräcke und große Abendroben – so präsentiert sich die Normalität, die zum Schauen hierher kommt. Die Akteure sind in großer Zahl vorhanden. Grelle Plakate locken schon am Eingang, und Malereien, in denen die Perversität ihrer selbst spottet, schmücken den Gang. An der Garderobe setzt der Nepp ein. »Hier ist's richtig!«, heißt es auf den Affichen. Eine geheimnisvolle Devise, unter der man sich allerhand vorstellen kann. Alles ist Kulisse, und nur der ganz Weltfremde glaubt an ihre Echtheit. Selbst die echten Transvestiten, die ihre Abart in den Dienst des Geschäftes stellen, werden hier Komödianten. Zwischen den Tänzen, bei denen auch der Normale sich den pikanten Genuss leisten kann, mit einem effeminierten Manne in Frauenkleidern zu tanzen, gibt es Brettldarbietungen. Eine männliche Chanteuse singt mit ihrem schrillen Sopran zweideutige Pariser Chansons. Ein ganz mädchenhafter Revuestar tanzt unter dem Scheinwerferlicht weiblich graziös Pirouetten. Er ist nackt bis auf die Brustschilde und einen Schamgurt, und selbst diese Nacktheit ist noch täuschend, sie macht den Zuschauern noch Kopfzerbrechen, sie lässt noch Zweifel, ob Mann, ob Frau. Eine der entzückendsten und elegantesten Frauen, die im ganzen Saale anwesend sind, ist oft der zierlich Bob, und es gibt Männer genug, die in der Tiefe ihres Herzens bedauern, dass er kein Mädchen ist, dass die Natur sie durch einen Irrtum um eine deliziöse Geliebte betrogen hat.

Im *Eldorado* ist in jüngster Zeit ein Bruderkrieg ausgebrochen. Ein Teil der Anhänger, der Akteure und auch der Habitués, ist abgewandert. Jetzt behaupten zwei *Eldorados*, dass es »hier richtig« sei. Das neue *Eldorado* Ecke Motz- und Kalkreuthstraße ist wesentlich komfortabler als das alte, und die Getreuen sehen sich im Dilemma, wem sie ihre Gunst schenken sollen. Sie lösen das schwierige Problem meist dadurch, dass sie erst in das eine und dann in das andere gehen, und dies ist eine Lösung, die vielleicht zur Nachahmung empfohlen werden kann.

Nacht-Badeanstalten

Laien können, wenn sie die Ankündigung von Badeanstalten lesen, die zum nächtlichen Besuch einladen, den Eindruck gewinnen, dass die Reinlichkeit des Berliners eine merkwürdige Angelegenheit sei und unter einer gewissen Übertreibung leide. Für sie bleibt ein Irrtum richtigzustellen. Die nächtlichen Badeanstalten dienen nicht nur der Reinlichkeit. Man geht in den meisten Fällen sogar bereits gebadet hinein. Sie sind, sagen wir, eine Angelegenheit der Geselligkeit. Die vielen Privat-Badeanstalten, deren stärkste Frequenz in die Abend- und Nachtstunden fällt, sind Einrichtungen nach Pariser Muster, über deren Zweck der Eingeweihte keiner weiteren Erklärungen bedarf.

Aber es gibt auch öffentliche Badeanstalten, in deren Bassin man bei magischer Beleuchtung sich im Wasser tummeln kann. Im Volksmunde kursiert über sie die Bezeichnung »Nutten-Aquarium«. Was eine Nutte ist, das weiß so ziemlich jeder, der einmal in Berlin war. Es bezieht sich auf gewisse junge Mädchen und ist schon keine Schmeichelei mehr, aber noch keine Beleidigung. Es ist lediglich eine charakterisierende Feststellung. Der Aktionsradius der Nutte ist sehr groß. Er fängt beim Flirt an und endet – nun, das ist schwer zu sagen, aber leicht zu verstehen. Also die Nutte bewegt sich nicht nur auf dem Lande, sondern auch im Wasser, nicht nur auf dem Straßenpflaster, sondern auch in den künstlichen Wellen, und im prallen Badeanzug auf den schlanken zierlichen Gliedern ist sie noch schwerer von den Nicht-Nutten zu unterscheiden als im Straßenkostüm. Obschon auch hier … Irrtümer nicht ausgeschlossen. Darum wäre es auch dem besten Willen nicht möglich, eine Örtlichkeit nuttenrein zu halten. Menschenkenntnis allein genügt heute nicht mehr.

Munteres Badetreiben herrscht allabendlich im Wellenbad des *Luna-Parks*. Galerien mit Restaurationsbetrieb umrahmen das weite Bassin, in dem sich die in Nixen und Tritone verwandelten Berliner tummeln. Hochbetrieb des Flirts. Einmal in der Woche tagt (oder nachtet) hier ein Nacktklub. Dann sind die Pforten für die Andersgläubigen, die noch dem Badeanzug anhängen, verschlossen. Sonst aber hat jeder Schwimmer und Nichtschwimmer Zutritt zu dem feuchten Element, das laulich angewärmt und in brandende Bewegung versetzt ist. Hier ist schon manchem Odysseus die Sirene gefährlich geworden, und es haben sich zwischen Hecht und Forelle zartzärtliche Bande geknüpft, wie sie unter Raubfischen sonst nicht alltäglich. Aber man überschätze die Gefahr des Ortes nicht. Es ist noch keiner in seinen Strudeln untergegangen und keine blanken Gebeine säumen das Ufer, um von gescheiterten Tugendhelden schauerliche Kunde zu geben.

WÜNSCHEN SIE EINEN BLICK IN DIE UNTERWELT ZU TUN?

Die Unterwelt und was man so nennt …

Die im Schatten Wandelnden haben immer die Sehnsucht nach dem Licht, aber die im Licht Wandelnden sehnen sich nicht minder nach dem Schatten. Nur die Art dieser Sehnsucht ist verschieden. Was die Letzteren angeht, so definieren wir die Sehnsucht als Neugier, Sensationslust, Nervenreizsucht. Diese Nervenreizsucht befriedigt sich gern am prickelnden Spiel der Gegensätze, am erregenden Genuss des Ungewohnten, an dem romantischen Verlangen nach der Gefahr. Der stille Wunsch, einen Blick zu tun in das andere Gesicht der Stadt, in das maskenlose Gesicht der brutalen Wirklichkeit mit ihren Schauern, er ist es, der die Frage nach dem Schleichpfad in die »Unterwelt« auf die Lippe des Fremden drängt, dessen, der fremd ist in jener Welt. »Unterwelt« – das ist das verborgene, heimliche Leben der Großstadt, zu dem man hinuntersteigen muss, hinuntersteigen aus dem Hellen, aus der Öffentlichkeit, von der gesellschaftlichen Stufe, auf der man sich sonst wohl fühlt. Unterwelt – es ist eine Metapher, aber eine von tiefer symbolischer Bedeutung, eine voll erschreckender Wahrheit. Zwar, es ist nicht alles Unterwelt, was dunkel ist. Es gibt ein ebenso falsches Elend und Verbrechen, wie es einen falschen Glanz und Luxus gibt. Es gibt hier wie dort die gleiche Kulissenwelt, das gleiche Komödiantentum. Nur das Kostüm unterscheidet die Akteure.

Die Geographie der Berliner Unterwelt ist kein leichtes, kein einfaches Studium. Die Berliner Unterwelt ist sehr ausgedehnt. Sie hat verschiedene Zentren. Sie liegt auf der rechten Hälfte des Pharusplanes von Berlin. Ihre drei Mittelpunkte sind Stettiner Bahnhof, Alexanderplatz, Schlesischer Bahnhof. Von hier aus strahlen die ihre Schlupfwinkel beherbergenden Straßen aus. Hier herrscht Dunkelheit, nur vereinzelt brennen trübe Straßenlaternen. Der härteste Kontrast zu den in Lichtfluten ertrinkenden Straßen des Westens und der City. Hier ist im wahrsten Sinne die Schattenseite Berlins. Wer hier lebt, lebt im Dunkel, so und so. Merkwürdig, dass am Alexanderplatz, wo die Zwingburg der Gerechtigkeit, Berlins Scotland Yard, sich erhebt, auch die Verbrecherwelt sich konzentriert, gleichsam unter dem Protektorat der Polizei. Auffallend ist die Unzahl der kleinen Schankstätten in dieser Gegend.

Nur ein immenser Alkoholkonsum kann ihre Existenz rechtfertigen und sichern. Die Ganoven scheinen einen großen Durst zu haben, und die Mädchen scheinen fleißig abzuladen; denn Hehlergeld und Prostitutionsgeld regieren die Unterwelt.

Die Gegend um den Alexanderplatz ist in Berlin das Viertel des Abbruchs und Aufbaus. Das Alte wird niedergerissen und das Neue steigt aus dem Boden. Dazwischen gibt es Ruinen. Es gibt Keller verlassener und dem Abbruch überlieferter Häuser, die nachts geheimnisvoll aufleben. Obdachlose schleichen sich in die schutterfüllten Verliese und suchen ein paar Stunden Schlaf auf hartem Steinboden. Kostenlos. Dirnen schleppen ihre Freier hierher. Sie finden in der ganzen Stadt keine so billige Absteige. Für die dunklen Höfe und Torwege, in denen sie vielfach ihr Handwerk betreiben, müssen sie immerhin noch ein paar Groschen Schlüsselgeld zahlen und das vermindert ihren ohnedies geringen Verdienst.

Hier ist das altgewordene Berlin, das wieder jung werden möchte, hier lebt das Gestern, das einen starken Drang nach dem Morgen hat. Der Stadtteil ist gleichsam von Mäusen unterwühlt. Es ist mehr Leben unter der Erde als über ihr. Es ist wirklich Unterwelt. Aber es ist eine Unterwelt, in die keine Neugier hineinleuchten sollte, denn was man zu sehen bekommt, ist keine Lust. Aber an einzelnen Stellen spielt auch hier das Leben sich ab als sei es eine Lust, als gäbe es nicht das Elend hinter den schaurigen Kulissen.

Das Nachtleben spielt sich hier ab in engen rauchigen Kneipen, in düsteren Kaschemmen, schmalen Bierausschanken, in kleinen Cafés. Dazwischen überall Häuser, mit dem anspruchsvollen Schild »Hotel«. Nichts weiter. Die Nachtglocke ist nicht zu verfehlen. Und oben an der Front sieht man matterleuchtete Fenster mit gelben Gardinen. Manchmal wischt ein Schatten darüber hin. Geheimnisvoll. Und aus der Türe kommen Paare, Paare verschwinden hinein. Alles ganz lautlos, stumm, selbstverständlich, wie ein Marionettenspiel. Es gibt derartiger »Hotels« etwa siebzig in der Gegend des Alexanderplatzes. Das macht ungefähr siebenhundert Zimmer, und diese Zimmer beherbergen jede Nacht durchschnittlich fünf Paare. Samstags und sonntags sind es sogar mehr. In der Berliner Yoshiwara herrscht starker Betrieb. »Liebe« ist trotz Ungunst der Zeit und außenseiterischer Konkurrenz ein stark gefragter Artikel. Aber der Hotelbetrieb mit dem Grundsatz: »Nie sollst du mich befragen ...« ist ein noch lohnenderes Geschäft ...

An einer Stelle nimmt der dunkle Osten einen Anlauf ins Mondäne. Weltstadtbetrieb für den Mittelstand. Zuweilen kommen Gäste aus dem Westen aus Neugier oder um eines Abenteuers mit der Kleinbürgerlichkeit willen. Die kleinen Mädchen aus O wachsen

Schlangendame in einem Berliner Gasthaus, 1932.

an der Brust der Kavaliere aus W, wenn diese sich zu einem Tanz mit ihnen herablassen, gleich um eine Elle an Selbstbewusstsein. Sie sind so »mondän« wie Kinostars, sie bemühen sich mit rührendem Eifer um die Haltung der neuesten Mode und sie möchten, ach so gern, für Damen gehalten werden, dass es grausam wäre, sie nicht dafür zu nehmen. Im Tanzpalast verschwinden beinah die Klassenunterschiede. Die lackierten Fingernägel und die kirschrot gefärbten Lippen, die ondulierten Bubiköpfe und die glänzenden Liebesaugen, die alle eine Sehnsucht haben, machen die Frage nach der Herkunft dieser kleinen Tanzmädchen vergessen.

Sie sind so schmiegsam und so schlank, so elastisch und so rank wie ihre den eigenen Wagen kühn im Straßengewühl dahin steuernden Schwestern aus dem Westen. Sie tanzen mit derselben Sicherheit und ihre Haut duftet vielfach dieselbe Frische und Gepflegtheit. Sie haben dieselbe Geringschätzung gegen Vorurteile und bekennen sich mit demselben Freimut zu einer hemmungslosen Lebensauffassung. Es ist schwer zu sagen, wodurch sie sich von jenen unterscheiden, wenn man nicht die Qualität ihrer Eleganz zu einem Vergleich heranzieht.

Die Stätte östlicher Lebenslust ist das *Residenz-Casino* an der Blumenstraße, kurz »Resi« genannt. Vor hundert Jahren schon Wallfahrtsort berlinischer Vergnügungssucht. Damals waren es die *Bouchéschen*

Blumengärten, die den Berliner zu Amüsement bei Kaffee und Bier lockten, im Sommer wie im Winter. Dann hieß es *Grüne Neun* und dann wurde es in ein Theater umgewandelt. Ganz Berlin kam, um über die populären Komiker zu lachen. Hier begann Ernst Lubitschs Laufbahn, ehe Hollywoods Ruhm morgenrötete. Man lachte erschüttert über die Komik des Statisten, der einen Hering über die Bühne trug. Dann machte die Possenbühne dem Tanzpalaste Platz. Der feierte unlängst sein fünfundzwanzigjähriges Bestehen. Seit fünf mal fünf Jahren tanzt hier Berlin, tanzt in immer wieder sich verjüngendem Rahmen. Tanzt in einer Märchendekoration, tanzt in einem Raum, wie romantische Phantasie sich die Zauberschlösser aus 1001 Nacht vorstellen mag. Leuchtfontänen säumen die Tanzfläche, die niemals leer wird. Zwei Orchester, auf Balkonen platziert, wechseln einander ab. Und die kleinen Brunnen in den sich drehenden Glashemigloben plätschern. Zu rosiger Dämmerung verebbt das Licht und flammt wieder auf zu glitzernder Helligkeit. Tausend Spiegel werfen ihre Reflexe, und dann und wann sinkt der ganze Raum in Dunkelheit. Dann sprühen nur kleine Farbflecke über die tanzende Menge, wie brennendes Konfetti. Und ein Rausch umfängt die Tänzer, die ein Tango dahinträgt. Schmelzende Musik, schmachtendes Hingegebensein der Frauen in den Männerarmen, lautloses Flüstern … Durch die Kanäle der Rohrpost schießen Briefe von

Tisch zu Tisch. Die Sehnsucht der Einsamen spricht sich in rührenden Worten der Schüchternheit aus. Angehende Don Juane stammeln ihre verwegenen Werbungen auf dem Papier. Die selbstständig gewordene Frau fordert den Tänzer auf, den sie sich wünscht; sie ermuntert den Scheuen. Die Jugend versucht sich in kesser Unternehmungslust. Eine Briefzensur gibt es nicht; man spricht also ohne Zeugen. Tischtelefone ergänzen das Arsenal der Mittel, die der Verständigung und der Annäherung dienen. Manchmal geht ein heiteres, keckes Wortgeplänkel durch den Draht, der unbedingt verschwiegen ist. Und in Musik und Licht untertauchend vergisst eine festlich gestimmte Menge ihren Alltag, ihre Sorgen, ihre Arbeit und Mühsal …

Einmal gibt es dort »Japanisches Kirschblütenfest« mit Lampions und Blütenzweigen und Hintergründe mit Landschaften der Insel Nippon. Dann wieder gibt es ein Laternenfest, bei dem tausend kleine Lampen ihre bunten Lichtblüten öffnen. Und sie träufeln rosigen Schimmer über die im Tanz erglühenden Gesichter der Mädchen, die hier ein wenig Freude suchen, die ihre Hoffnungen hierherbringen und auf Erfüllung warten und schließlich zufrieden sind, wenn ein paar verliebte Worte ihnen ins Ohr geflüstert werden, ein paar verliebte Lügen, denen sie gern, ach allzu gerne glauben. Die weniger Bescheidenen haben auch die größeren Möglichkeiten. Sie haben eine Witterung für die Kavaliere, die nicht gesonnen sind, den Abend hier zu beschließen, und schon sausen die Briefpatronen zwischen den Tischen hin und her. Man spricht bei diesen Präliminarien eine recht eindeutige Sprache. Es ist immer besser, Missverständnissen vorzubeugen, und das Berlinische eignet sich sehr gut als Verhandlungssprache.

Mit minderer Pracht inszeniert, weniger an westlichem Luxus orientiert, echtes östliches Milieu bekennend sind die Strandfeste in *Mundts Festsälen* an der Köpenicker Straße 100. Das Lokal hat eine reiche und nicht unbewegte Vergangenheit in der Sittengeschichte Berlins. Unten zwei Tanzflächen. Oben eine Galerie mit Logen. Auch hier hat sich das Tischtelefon als unvermeidlich erwiesen. Der moderne Mensch kann eben auf diesen technischen Komfort nicht verzichten und der Berliner telefoniert mehr als jeder andere Weltbürger. In jeder Lebenslage, selbst in der Liebe und dem, was man so heißt. Die Mädchen in *Mundts Ballsaal* sitzen tagsüber an Schreibmaschinen, stehen hinter Ladentischen, beugen sich über die Nähmaschine. Von Arbeit und Mühe sprechen ihre Hände trotz der Politur, die sie ihnen für den Abend gegeben haben. Sie sind Kinder der östlichen Viertel oder von der Provinz Zugewanderte, die hier das Glück erhofften, sie stammen aus den Vorstädten oder aus Kleinstädten; das hört man, wenn sie sprechen. Und ein wenig befangen sitzen sie da in ihren Badeanzügen. Nur wenn sie tanzen, werden ihre Glieder etwas freier. Sie bilden die Attraktion des Lokals. Sie sind da, um mit den Männern, die ohne Begleitung kommen, zu tanzen. Und es kommen viele Männer ohne Begleitung, um mit einem solchen Badegirl zu tanzen. Sie sind nicht alle zur Schönheitskönigin prädestiniert, aber es ist doch ein Stück schlanke, biegsame, frische Jugend, was man da an die Hemdbrust gelegt bekommt, und das lieben manche Männer als Beigabe zum Tanz. Es gibt ein bisschen nacktes Fleisch zu sehen, und das hat noch immer einen gewissen Reiz. Das bisschen Trikot verbirgt ja nicht viel und ist nur als Garnierung für das Fleisch gedacht. Und der Tanz bringt eine Annäherung ohne Weiteres mit sich. Die übrigen Gäste natürlich erscheinen nicht in Badedress, sondern ganz manierlich in ihrer bürgerlichen Gewandung, im sauber gebürsteten Rock. Wenn Leute aus dem Westen hier ein Gastspiel absolvieren, so wollen sie sich einen Spaß mit den Badegirls machen, die so gar nicht spröde sind. Jeden Abend gibt es eine Prämierung. Man hat etwas von Amerika gelernt und setzt das ins Berlin-Östliche um. Die schönsten Badekostüme erhalten einen Preis. Zu diesem Zweck müssen die Preisbewerberinnen sich natürlich einer gründlichen Prüfung unterwerfen, die von den anwesenden Herren mit aller Sorgfalt durchgeführt und von den Show-Girls mit engelhaftem Gleichmut erduldet wird. Auch gegen weitergehende

Untersuchungen ihrer Reize sind sie nicht abgeneigt, wenn der Prüfende ihre Sympathie gefunden und sich als splendider Kavalier erwiesen hat.

Im *Englischen Hof* an der Alexanderstraße ist das Ganze ins Exotische kostümiert. Dort gibt es »Japanisches Strandleben« und Montag, Mittwoch und Sonntag findet eine Prämierung der schönsten japanischen Badekostüme statt. Man kann dort erfahren, wie man sich in Berlin das fernöstliche Märchenland vorstellt, zu dem man durch die östliche Lage gewisse Beziehungen hat. Man kann sich hier nach Tokio, Yokohama, in die Yoschiwara versetzen, wenn man illusionsfähig ist. Zwar haben die reizenden Geishas keine mandelförmigen Schlitzaugen und keine so aristokratischen Manieren wie die fernöstlichen Liebeskünstlerinnen, es gibt keinen Tee in rosenblattleichten Porzellanschälchen, sondern helles Bier, aber dafür haben die Mädchen nicht weniger Erfahrung in galanten Dingen und wer will, verständigt sich besser mit ihnen, denn sie sprechen nicht die verwirrend blumige Sprache ihrer exotischen Schwestern und sind nicht so umständlich zeremoniell wie jene.

Der Osten (wohlgemerkt, der Berliner) hat noch eine andere Einrichtung, die ihm als Eigentümlichkeit vorbehalten ist. Das sind die Witwenbälle. Ältere Jugend, einst durch Leibesfülle gekennzeichnet, heute aber auch auf Schlankheit trainiert, beherrscht hier das Parkett. Ob Witwe, ob Geschiedene, ob nur »die ohne« der kleinbürgerlichen Welt – der Name ist nur Etikett für eine Veranstaltung, bei der sich die Weiblichkeit zur Unabhängigkeit bekennt. Sie will damit dokumentieren, dass kein argwöhnischer Ehegenosse ihre Schritte überwacht. Aber dieser Freiheitsdrang entspricht nur einer relativ bescheidenen Vorstellung von Unabhängigkeit. Man sucht an diesen Stätten ein bacchisches Treiben vergebens. Wer Orgien erwartet, wird enttäuscht werden. Es geht verhältnismäßig bürgerlich zu. Die Unterhaltung ist auf eine derbe Tonart gestimmt. Man hört hier das reinste Berlinisch. Zilles Geist regiert die Stunde. Man ist hier in seinem »Milieu«. Bürgerlich aufgeplustertes Proletariat. Die Repräsentanten des kleinen Handels suchen hier die Kosten des Verzehrs reell in Vergnügen umzusetzen. Und was der Alkohol an berauschender Macht schuldig bleibt, das ergänzen Musik und Trubel. So ist die Stimmung.

Schon die Ankündigung in den Gazetten ist ulkig und originell, ihre Naivität kontrastiert grell zum Superlativismus der Inseratensprache weltstädtischer Vergnügungsetablissements. Da heißt es:

»Walterchen mit dem goldenen Herzen du, lässt uns beim Tanzen nicht Rast noch Ruh. Wirbelst uns gleich dem Sturmwindgebraus alle Sorgen und Kummer aus dem Herzen heraus. Lache Bajazzo! Du armer Tor, du verkaufst deinen Gram für unsern Hu-

Im Englischen Hof, um 1930.

mor; du gibst uns Lachen für deinen Schmerz, – und das ist Walterchen mit dem goldenen Herz. Täglich der Treffpunkt der älteren Jugend, nur Holzmarktstraße 72 (Jannowitzbrücke).«

Walterchen »der Seelentröster« sorgt mit seinen Witwenbällen für das jenseits der Alltäglichkeit liegende Wohl jener, die aus ersichtlichen Gründen von den kostspieligeren Vergnügungen des eleganten Amüsierbetriebs ausgeschlossen sind und findet in vollen Häusern den Lohn für seine ins „Seelische« hin tendierende Wohltätigkeit.

Auf *Clärchens Witwenball* in der Auguststraße 24, wo sich die »Elite« trifft, in *Behrens Festsälen* an der Elsässer Straße 10, wo ein »Bombenbetrieb« bei »elektrischen Lichteffekten« herrscht, in den *Borussia Sälen* an der Ackerstraße 6/7 »im herrlichen großen Prunksaale« sind ihm Konkurrenzunternehmen erstanden, die seinen Ruf und Ruhm aber nicht zu schmälern vermocht haben. Sie beweisen nur, dass auch die »ältere Jugend« sich ihren Teil an den Vergnügungen zu sichern weiß, und sich dieses Recht nicht durch die Ungunst der Zeit schmälern lässt.

Die Tanzsucht begnügt sich nicht mit den so zahlreich vorhandenen Balllokalen. Sie hat sich auch der anderen Stätten bemächtigt, wo nur ein kleiner freier Raum zwischen den Tischen ausfindig zu machen ist und Orchester oder Grammophon aufspielen. Sie führt uns dicht beim »Alex« (Alexanderplatz) 4000 Millimeter unter die Erde in den Tanzkeller, der als *Krug zum grünen Kranze* in der zu Ausflügen ins dunkle Berlin immer gern bereiten Welt der Nachtschwärmer bekannt ist. Auf nackten Tischen stehen die »Mollen«, mit aufgestemmten Armen sitzen die Burschen und Mädchen davor. Dicht beieinander in fürchterlicher Enge. Man darf sich nicht breit machen. Gäste aus andern Zonen der Gesellschaft als der hier ansässigen sollen sich bemühen, nicht aufzufallen. Man sieht Neugierige nicht gern und traktiert sie mit einer Redewendung urberlinischen Ursprungs, die nur der gänzlich Sprachunkundige als eine Schmeichelei auffassen kann. Man frage vor allem seinen Nachbar in Jacke und Kamisol nicht, ob der oder jener im Lokal als »schwerer Junge« anzusehen sei und man unterlasse Annäherungsversuche an die anwesende Weiblichkeit, auch wenn sie reizvoll sein sollte oder die Milieuechtheit ihrer Erscheinung eine sensationelle Konversation verspricht. Man könnte auf eine unliebenswürdige Auffassung von Gastfreundschaft stoßen und eine fühlbare Enttäuschung über das Wesen des Berliners ernten. Man begnüge sich mit der Gewissheit, dass man hier Berliner Nachtleben im Osten in hundertprozentiger Dosierung genieße. Man halte die Augen auf und die Taschen zu, und man trinke seine Molle, ehe der einheimische Nachbar sie sich hinter die Binde gegossen hat. Vor allem verzichte man auf den Versuch, hier seine mitgebrachte Kamera in Anschlag zu bringen und eine »Erinnerung« zu fixieren, denn das könnte sehr falsch ausgelegt und mit einem unsanften Hinauswurf beantwortet werden, der dadurch nicht an Reiz gewinnt, dass es die Stufen hinauf statt hinuntergeht. Man kann auch auf normale Weise wieder zum Alexanderplatz gelangen und wird dann einen viel freundlicheren Eindruck von diesem merkwürdigen Lokal und seinen noch merkwürdigeren Stammgästen erhalten. Beim Tanzen begnüge man sich ebenfalls mit dem Zuschauen, denn auch die Aufforderung zum Tanz an eine der anwesenden Damen, wenn sie noch so einladend aussehen, könnte eine andere als die erwünschte Wirkung haben. Die Männerwelt hat hier gegenüber dem Westen eine wesentlich abweichende Auffassung vom Besitzrecht auf die Frau, die nur Ausnahmen aus geschäftlichen Rücksichten und unter gewissen Voraussetzungen im Berufsleben kennt und gelten lässt, und was sich hier begibt, fällt ins Privatleben, das sakrosankt ist. In anderen Kreisen wird der Einspruch des attachierten Kavaliers erst durch Vorstöße in das Gebiet intimerer Beziehungen ausgelöst, hier ist man viel empfindlicher und reagiert heftiger. Und im Übrigen würde man wahrscheinlich als Fremder durch die seltsame Akzentuierung einer orientierenden Bemerkung wie »Wat willste, du Dussel? Mir utzen? Wenn de nich jleich tirmst, rufe ick Fritze, wat mein Breitjam is! Vaschtehste?« mehr irritiert als aufgeklärt sein.

Zwischen den massiven Säulen des Kellergewölbes vollzieht sich echter berlinischer Schwof. Einzelne Paare pressen sich im alten, einst verbotenen »Schieber« aneinander, bis zu den Hüften wie verwachsen, sie kess zurückgelehnt, er über sie gebeugt, frech das Schrittbein zwischen ihre gespreizten Knie drückend. Sie sehen so verwegen aus, dass nichts den Zuschauer hindert, in ihnen ein berlinisches Apachenpaar zu sehen, und sie ihrerseits tun nichts, was diese Illusion zerstören könnte. Und vielleicht ist es auch gar keine Illusion. Man ist eben hier wirklich schon in der »Unterwelt«. Ein wenig weiter, in der Prenzlauer Allee, geht's ein Dutzend Steinstufen hinunter in einen andern Keller, der dem so anmutig ländlich benannten *Krug zum grünen Kranze* mit seinem Namen *Rehkeller* weder an poetischer Erfindung noch an würdigem Alter nachsteht. Hier ist die Stimmung nicht so fidel, denn es gibt nur die, die jeder mitbringt, und das ist nicht eben viel. Das Tanzen hat ein polizeilicher Ukas verboten, was nicht nett ist, denn die hübschen Mädchen, die mit ihren Burschen beim Bier sitzen, möchten so gerne ein wenig in Schwung kommen, und es wäre für ihre Gemütsverfassung gewiss zuträglicher, wenn die Tanzmusik und der Rhythmus ihnen die düsteren Gedanken verscheuchten, über denen sie da brüten, wenn sie unter den gemalten Schicksalssternen der niederen Decke hocken.

Zurück zum Alex, wo jetzt Wolkenkratzer in amerikanischem Tempo aus der auf- und umgewühlten altberlinischen Erde wachsen und bald fünf Bahnhöfe der Untergrund- und der Stadtbahn ihre Menschenmassen hervorstoßen werden und wo doch hinter den weltstädtischen Kulissen die düsteren Elendsquartiere ihre Schlünde öffnen. Ein verstecktes kleines Café in einer engen Seitenstraße ist ein wahres Raritätenkabinett, eine Originalität. Schon am frühen Abend voll. Ein Mann mit aufgesetzter Hakennase empfängt den Eintretenden. Das Monokel im Auge vollendet die Karikatur, in der man unfehlbar den englischen Premier Sir Austin Chamberlain erkennt. Die Kellner tragen alle die Maske einer zeitgenössischen Berühmtheit. Es ist wie in einem lebendig gewordenen Wachsfigurenkabinett. »Hindenburg« lenkt mit einer Molle an uns vorbei und »Harold Lloyd« balanciert einen Mokka durchs Gewühl. Von »Briand« kann man sich ein paar heiße Würstchen servieren lassen und den Reparationsbeitrag in Gestalt eines Trinkgelds gleich an den richtigen Mann bringen. Das Orchester besteht aus lauter Prominenten. Jedes Instrument wird von einer »Berühmtheit« aus dem Reich der Musik bedient. Nur das niedliche Mädchen an der Theke zeigt sein wahres Gesicht, denn es ist jung und hübsch. Im Hintergrund dieses Raritätenkabinetts

Tanz im Jazzclub, um 1930.

gibt es die als »Liebeslauben« bekannten Nischen für Pärchen, die ein Buen Retiro suchen. Hier kann man sich ungestört bei einem Gedeck zu zwei Mark oder bei einem Glas »Ananasbowle« hinter diskretem Vorhang ewige Liebe für jede Zeitdauer schwören, hier kann man die tolle Welt vergessen, die vor den Vorhängen ein buntes Maskenspiel treibt.

Man braucht nicht weit zu gehen, um neue Sensationen zu erleben. In nächster Nähe findet man ein Balllokal. Es ist ein hochgestockter Raum mit Schmuck aus Putten und Amoretten, in dem sich die Menge drängt. Man trinkt und tanzt, tanzt, tanzt … Aber mitten in einem Tanz setzt die Musik ab, und die Tänzer lösen sich und treten paarweise zur Seite. Da geschieht etwas Besonderes. Von der Bar her tänzelt in rosigem Ballettflitterröckchen ein junges Mädchen. Schlanke Glieder, rotes Mündchen, Puder und Lächeln auf dem Gesicht, kleine spitze Brüste zeichnen ihre Knospen durch den Stoff. Die Jazzband setzt mit einem modernen Schlager ein. Das Mädchen beginnt einen Stepptanz. Der Rhythmus rieselt durch die Körperkonturen, und schon gesellt sich ihr der Partner. Aber das ist kein Mensch, kein geschniegelter Jüngling, kein fescher Gigolo. Weiß das Gesicht, gelb der Schopf über dem schwarzen Rumpf, an dem die Arme schlaff herunterbaumeln, an dem die Füße leblos über den Boden schleifen. Es ist kein Mensch. Es ist eine drollige, schaurig komische Puppe, ein Körper ohne Leben, ohne Ausdruck, ein unlebendiges und doch nicht totes Etwas. Es ist eine Gruselpuppe. Man lacht, man spöttelt, man lacht ... Und es geht doch von diesem merkwürdigen Tänzerpaar etwas Unheimliches aus, das das Lachen auf den Gesichtern zu einer maskenhaften Starrheit gerinnen lässt ...

Vom Alex zur Münzstraße ist es nicht weit. Dort gibt es neue Sensationen. Schon die Straße ist eine, ihr Name hat einen verdächtigen Klang. Nicht wegen der Münze, die darin anklingt, aber wegen ihres Rufes, der nicht der allerbeste ist. Wir sind im Zentrum der östlichen Prostitution, die hier ihre Absteigen hat. In den Erdgeschossen mehr oder minder honette Kneipen. Drinnen ein typisches Gemisch von Bürgern und ihren Antipoden, von Wurzelfesten und Entwurzelten. Vor diesem oder jenem Lokal würde, wenn es in Paris läge, die bekannte Ehrengarde von drei Polizisten stehen, mit denen der Polizeipräfekt die Stammkneipen der Verbrecher auszeichnet. Nicht zum persönlichen Schutz der Außenseiter der Gesellschaft, sondern aus beruflicher Neugierde. Man will wissen, wer in den Lokalen aus und ein geht. In Berlin ist die Polizei nicht so neugierig. Die Uniformierten halten sich den Kneipen fern. Nur Kriminalbeamte kehren dort gelegentlich als Gäste ein. Im Übrigen gibt es zwecks ständiger Beobachtung ein wohlorganisiertes Spitzel- und Vigilantentum, durch das man die notwendigen Informationen erhält. Die

Attraktion der Gegend ist das Frühlokal *Alt-Mexiko.* Das Dorado berlinischer Konquistadoren. Schon ein bisschen eine literarische Angelegenheit geworden, seit Döblin seinen Roman »Alexanderplatz« veröffentlicht hat. Und doch nicht Literatur. Palmen, aber nicht echte, wie im *Adlon* und *Bristol,* sondern künstliche in jenem giftigen Grün, wie es nicht einmal die Tropen hervorbringen, sondern nur die Farbtöpfe der abendländischen Malermeister, bilden die Dekoration. Keine Menschenopfer gibt es in diesem *Alt-Mexiko,* keine blutigen Schlächtereien. Und doch fallen auch in dieser Welt Menschen als Opfer auf der Schlachtbank des Lebens in Unzahl. Der Moloch frisst noch immer, noch immer …

Schwankende Nachtbummler finden schon früh um sechs in *Alt-Mexiko* Asyl und Stärkung. Eine Bockwurst mit Kartoffelsalat kostet eine halbe Mark. Eine Tasse Kaffee mit Gebäck nur 35 Pfennige. Es gibt auch für ein paar Groschen ein mexikanisches Spezial-Ananasgetränk. Und über unsern Häuptern wedeln die Palmen. Wolkt Rauch, Opferrauch aus Zigarren und Zigaretten und Pfeifen. Man sitzt an schweren, viereckigen Tischen. Man stützt die Arme auf das rohe Holz, das fast faustdick ist. Tische und Stühle bitte nicht als Konfetti zu benutzen, auch wenn die Stimmung sehr lustig ist. Tafeln an der Wand bezeichnen schon im Voraus die Kosten für zerbrochenes Geschirr. Es werden nur die

Selbstkosten berechnet, aber die müssen sofort berappt werden. Die Preislisten lassen tief blicken. Aber das Vergnügen ist nicht sehr kostspielig. Übrigens: das Register hat ein Loch. Fensterscheiben stehen nicht darin. Man beschränke sich auf den Konsum der preiswert empfohlenen Speisen und Getränke und genieße erschauernd als Gratiszugabe die Atmosphäre, in der Unterweltsbrüder mit Gesichtern von Döblinscher Prägung Schenkel an Schenkel mit uns sitzen …

Neugierige seien gewarnt! – Kaschemmenbetrieb – Dunkle Stadtteile

Meint man etwa, hier wäre es noch nicht unterweltlich genug? Gelüstet es Sie nach stärkeren Sensationen? Verwechseln Sie bitte nicht das Leben mit dem Kino. Was Sie dort an Edelganoven in Lack und Frack sehen, in inniger Gemeinschaft mit jenen dämonischen Weibchen mit Schlangenbewegungen und blutdürstigem Tigerblick, die immer mit dem Browning jonglieren, Messer werfen oder ihre Gegner durch Falltüren verschwinden lassen, das ist ein romantisches Verbrechertum, das nur in den Hirnen der Drehbuchfabrikanten existiert. Die sicherste Schutzwaffe des Berufsverbrechers ist das bürgerliche Kleid, der sauber gebürstete Rock des kleinen Mannes, des biederen Handwerkers.

Hochstapler und Hoteldiebe sind Ausnahmen; sie müssen sich ihrer Umwelt anpassen. Der Gelegenheitsverbrecher sieht vielleicht noch am verwegensten aus. Er macht gern ein bisschen Maske, er möchte gern ein bisschen imponieren. Diese Kategorie zählt in der Gegend zwischen Alexander- und Rosenthaler Platz zu Tausenden. Ihre Zahl steigt und fällt im Verhältnis zur Arbeitslosigkeit. Der jüngere und meist unverheiratete Arbeitslose verfällt dem Verbrechen am leichtesten. Er entwurzelt schneller, er ist anspruchsvoller, er ist in seiner Isolierung leichter der Verführung zugänglich, und er ist gleichgültiger gegen eine Freiheitsstrafe, die ihn ja keiner Familie entreißt.

Echte Verbrecherkeller, von denen man außerhalb Berlins sich mit einer Gänsehaut über dem Rücken furchtbare Dinge zuflüstert, gibt es nicht mehr. Es gibt sie nicht mit der nach der Öffentlichkeit hin offenen Tür, es gibt sie in der Hauptsache mit klubhafter Abgeschlossenheit. Das Verbrechen hat sich organisiert und duldet nicht den neugierigen Andrang der »andern Seite«. Er schadet dem Geschäft, er stört seine glatte Abwicklung, er bringt Gefahren mit sich. Die früheren Keller und Kaschemmen, die Rendezvousplätze der Verbrecherwelt, die Stammkneipen der »schweren Jungens«, wie es sie an der Joachim-, Borsig-, Augusten-, Marien-, Linienstraße gab, sind geschlossen. Sie mussten schließen, weil die Organisationen ihren Mitgliedern den Verkehr dort untersagten. Von dem Gelegenheitsverbrecher trennt den Berufsverbrecher mehr als eine Welt. Zwischen ihnen liegt die Schranke der Geringschätzung, der Missachtung wie in der Feudalzeit zwischen Adel und Plebs. Der Berufsverbrecher ist von strengstem Kastengeist erfüllt, der andere ist ihm ein Stümper, ein elender Mitläufer, ein minderwertiger Imitator. Die Vereinsdisziplin duldet keinen Widerspruch gegen ihre Gebote und sie führte zur Meidung aller Lokale, die den Außenseitern, den Lauschern und den Verrätern zugänglich waren. Eine erhebliche Gefahr bedeutete vor allem die Prostitution, die sich an diesen Stätten breit machte. Der Verbrecherberuf ist eine Männerangelegenheit. Weiberlaunen, Schwatzhaftigkeit und Eifersucht haben mehr als einmal die feinsten Pläne zum Scheitern gebracht. Auch die Zuhälter und die Achtgroschenjungen sind unsichere Kandidaten, mit denen der ernsthafte Verbrecher nicht gern zu tun hat. So wurde er durch seine Erfahrungen in die Exklusivität gedrängt. Was der Schaulustige in den heute noch existierenden sogenannten »Verbrecherkneipen« kennenlernt, sind meist Prostituierte beiderlei Geschlechts, Zuhälter, Gelegenheitskriminelle. Am zahlreichsten vertreten sind Taschendiebe, aber die bemerkt der Neugierige meist erst dann, wenn sie nicht mehr da sind. Er kann ihre Anwesenheit im Lokal aber unzweifelhaft am Fehlen seiner Uhr oder seiner Börse

Berliner Kaschemme, 1929.

konstatieren, und lernt sie also somit auch im engeren Sinne des Wortes nicht kennen. Nicht immer ist das ausgepichte Galgengesicht eines Gegenübers oder eines Nachbarn die Legitimation für kriminelle Anlagen des Besitzers. Es ist für viele eine Mimikry. *Alt-Mexiko, Rehkeller* und *Krug zum Grünen Kranze* sind typische Lokale dieser Art. Ihre Reihe vermehrt sich durch die fast Haus an Haus liegenden Kneipen in der Umgebung des Alexanderplatzes – man kann sie nicht alle namentlich anführen –, deren vorherrschendes Publikum Prostitution und ihr Anhang ausmachen. Davon leben sie. Die Mädchen, die allein kommen, brauchen nichts zu verzehren. Sie werden zum Inventar gerechnet. Sie stellen dem Wirt den Reiz ihrer geschminkten Gesichter und ihrer seidenbestrumpften Beine zur Verfügung, der als Anziehungskraft bewertet wird. Dafür sind sie angehalten, »Freier« anzulocken und zu großen Zechen zu animieren. Wer nur zum Zuschauen kommt und sich als desinteressiert an einer intimeren Bekanntschaft mit diesen Reizen erweist, wird wenigstens einen Schnaps oder eine Molle spendieren müssen.

Manchmal wird, wenn das Publikum es als wünschenswert erscheinen lässt, ein etwas tollerer Betrieb inszeniert. Man nimmt einen Anlauf zu unterweltlichem Treiben, man spielt ein bisschen Wildheit, der Eingeweihte wird aber die Routine bald anmerken. Bis in die Inseratenspalten der Tageszeitungen steigt diese

Art Unterwelt und lockt mit verheißungsvollen Anpreisungen. Harmlose Nuttenbumse etikettieren sich im Dienste des Fremdenverkehrs und der Devise »Jeder einmal in Berlin!« als Zentren der Verbrecherwelt. Würde man das Nachtpublikum einmal gründlich sieben, so blieben doch nur ein paar ungefährliche Frischlinge im Netz. Kneipen mit garantiert echten Schwerverbrechern sind heute nicht mehr nachzuweisen. Vor eigenen Spürversuchen ist abzuraten. Neugierige sind gewarnt! Man könnte ein Entree zahlen, dass die Erfahrung nicht lohnt und das im Programm einer nächtlichen Vergnügungsfahrt durch das dunkle Berlin nicht vorgesehen ist.

Rechts von der Münzstraße biegt man in die Alte Schönhauser Straße ein. Die düstere Breite der Straßen des Berliner Ostens wirkt nachts oft unheimlicher als die finstere Enge der Gassen des alten Paris. Umso sparsamer ist die Raumverteilung in den Häusern. Von tiefer Bedeutung ist der Spitzname eines Cafés, »Café Quetsch«, das hier mit matten Fenstern lockt. Man tritt in einen düsteren, langgestreckten Raum. Die Hand tastet in dieser Finsternis unwillkürlich nach Führung. Irrlichtern gleich glimmen ein paar grüne und rote Lämpchen im Undurchdringlichen. Man denkt an Schiffskojen, wenn man rechts und links des Ganges die dichtverhängten Logen sieht, in denen man ungesehen verschwinden kann. Kaum zwei Personen haben

Platz darin. Aber man will sich hier ja auch nicht breit machen. Wozu Raumverschwendung. In dieser Gegend wird jeder Platz ausgenützt. Die Welt ist so eng und es wollen so viele Menschen Platz darin finden. Es heißt hier nicht umsonst »Café Quetsch«. Man muss sich hineinquetschen. Raum ist in der kleinsten Hütte ... Auch Paare, die nicht zu den glücklich Liebenden zählen, erfahren das an diesem Orte. Und für einen Verzehr von zwei Tassen Kaffee kann man nicht mehr verlangen. Die Gäste, die hier verkehren, sind anspruchslos. Das verrät die starke Frequenz dieser Logen. Aus allen Winkeln hört man Geflüster und ähnliche Geräusche. Selten bleibt eine Loge lange leer. Liebe in der Unterwelt ... Eine besondere Kategorie ...

Die Lokale in der Neuen Schönhauser Straße sind durchweg das, was man als »Flüsterkneipen« bezeichnet. Das Geflüster an den Tischen aber, das sind keine Zärtlichkeiten, keine Liebesworte. Hier handelt man nicht wie dort um die Genüsse des horizontalen Handwerks. Hier wird Diebesware »verscherft«, gestohlenes Gut wandert aus der Hand des Stehlers in die des Hehlers. Wer sich da mit neugierigen Blicken zudrängt, wird als lästig empfunden und zum Tempel hinaus geekelt. Wenn er nicht freiwillig abzieht, kann er sich auf eine grobe Anrempelung gefasst machen. Zwischen den Hehlerkneipen liegen in trauter Gemeinschaft die dunkelsten und schmutzigsten Absteigen des Viertels.

Ein Vormarsch vom Alex aus in nordwestlicher Richtung führt in die Gegend des Stettiner Bahnhofs. An der Lothringer Straße das Lokal mit den »Bartmännern«. Eine komische Angelegenheit mit ernstem Hintergrund. Die hier verkehrenden Stammgäste sind mit dem in unseren Tagen so selten gewordenen Attribut der Männlichkeit geschmückt, das am Kinn seinen Platz hat und in einem haarigen Etwas besteht, das man Bart nennt. Früher erfreute sich dieser männliche Schmuck der Vorliebe zarter Frauen. Die Männer aber, die hier verkehren und ihren Bart mit adonishaftem Stolze zur Schau stellen, trachten nicht nach Gunst der Frauen, sie haben es auf die Geschlechtsgenossen abgesehen, die hierherkommen, um einen bärtigen Freund zu finden. Darum sieht man hier diese reich assortierte Kollektion von Bärten, beim blonden Spitzbärtchen angefangen bis zum wallenden Vollbart im Silbergrau von Hamlets Vater. Angesichts dieser wunderlichen Schau kann der Normale feststellen, dass der Bart ein höchst komisches Requisit geworden ist …

Die Straßen der Gegend sind in den Stunden der Dunkelheit voll von Nachtfaltern, auf deren Flügeln man aber umsonst die letzten Spuren von Blütenstaub suchen würde. Die Finsternis ist ihnen günstig. Sie verschleiert ihre Gesichter mit den furchtbaren Zeichen. Sie flattern jeden an, der ihnen nur den geringsten Bruchteil einer Hoffnung erweckt, dass er ihren

Sirenenkünsten vielleicht erliegt und sich in eins der zahlreichen Quartiere schleppen lässt, wo die Liebe als Ramschware zu Schleuderpreisen an den Mann gebracht wird …

Ein kleines Café an der Oranienburger Straße mit dem ominösen Namen *Café Gummiknüppel* repräsentiert das Nachtleben auf seine Weise. Es ist ein ständiges Kommen und Gehen, richtiger Betrieb. Das Lokal hat – einem Bedürfnis abzuhelfen – Spätkonzession. Wenn andere schließen, wird hier geöffnet. Nur zwischen eins und drei in der Früh eine Pause. Zwischen drei und Morgengrauen ist Hochbetrieb. Zu vorbildlichen Typen des Viertels gesellen sich hier einzelne Grünhörner aus der Provinz. Auch hier Logen und Separees, die stark gefragt sind und zweckdienlich ausgenützt werden. Alles echt unterweltlich. An Fremden wird, wenn er als geeignetes Objekt erscheint, manchmal Nepp versucht. Bedrohlich steht im Hintergrund der »Rausschmeißer«, um bei allzu lebhaftem Protest gegen Überforderung in Aktion zu treten. Ein Wink mit dem Gummiknüppel soll manchmal die Zahlungsaufforderung nachdrücklich unterstützen. Daher der Spitzname des Lokals, in dem der Polizei schon mancher gute Fang gelungen ist.

Die »Unterwelt« hat einen originellen Einfall kreiert. Aus dem alten *Café Roland* an der Chausseestraße 11, dicht beim Oranienburger Tor, ist das neue

Sing-Sing geworden. Der Name bedarf keiner Erklärung, er ist eine Weltmarke. Made in America. Elektrischer Stuhl ... Sacco und Vanzetti ... Sie wissen schon. Sing-Sing ... Das gibt Frissons. Und das gibt es nun mitten in Berlin, ganz nah beim Stettiner Bahnhof, im Viertel der ehrenwerten Brüderschaften »Immertreu« und »Felsenfest«. Berlins echtes Sing-Sing heißt zwar Plötzensee. Aber es ist nicht jeder berufen, die Gastfreundschaft dieses freundlichen Hauses genießen zu dürfen. Das Unternehmen *Sing-Sing* wird sich bemühen, jedem, dem sich mangels Nachweis einer Berechtigung zum Aufenthalt dort die Pforten verschließen, einen vollgültigen Ersatz zu bieten. Jeder einmal in *Sing-Sing*. Man wird sich wie zu Hause – pardon, wie in Plötzensee fühlen. Jeder einmal eine Nacht hinter »schwedischen Gardinen«. Auch der rechtschaffenste Mensch kann sich dieses Vergnügen leisten. Die in Gefängnisstil gehaltenen Räume verdanken die Echtheit des Kolorits den gewiegtesten Sachverständigen. Stammgäste von Plötzensee sind als künstlerische Beiräte hinzugezogen worden. Ganovenwelt par excellence, mit Gitterstäben, Sträflingskleidern, Blechnäpfen ... Die Bedienung geht in den bekannten engen Jacken mit der Nummer auf dem Rücken. Ein stämmiger Policeman regelt mit Gummiknüppel und Armmuskulatur den Verkehr und sorgt für die Aufrechterhaltung der Hausordnung. Wer noch nicht gesessen hat, kann sich hier vorbereiten.

Er wird bald die Befangenheit des Nichtvorbestraften ablegen und sich ans Milieu gewöhnen. Alles muss gelernt werden. Hier muss jeder einmal gesessen haben. Wenn man einen Gast in melancholischem Vorsichhinbrüten sieht, kann man darauf schließen, dass die Umgebung Heimwehgefühle in ihm erweckt hat. Eine empfindliche Seite hat schließlich jeder Mensch, und es gibt viele, die eine wahre Anhänglichkeit an Plötzensee haben. Da kann denn jede zarte Erinnerung wehe Gefühle aus dem sanften Schlummer erwachen lassen … Ungeschickten Gästen wird empfohlen, ihre Zeche aus der eigenen Tasche zu zahlen. Falschgeld ist bereits vorher in echtes umzuwechseln, da der Wirt kein Risiko übernehmen möchte. Er trägt es auch nicht in Bezug auf etwa abhandenkommende Garderobestücke, auf die jeder selbst zu achten hat. Solidaritätsgefühl verbietet das Mitnehmen von Löffeln und Messern, die ohnedies nicht aus Silber sind. Jeder unstandesgemäße Luxus ist als illusionsstörend vermieden. Der Elektrische Stuhl ist kein Komfort, sondern erforderliches Requisit. Die Hinrichtungen auf ihm finden zwischen eins und drei Uhr nachts statt, wenn die Stimmung ihren Höhepunkt erreicht hat. Um drei Uhr ist Schluss. In einem unterscheidet sich *Sing-Sing* von Plötzensee. Hier sorgt die Polizei dafür, dass man hinkommt, dort, dass man weggeht. Polizeistunde in einem Zuchthaus ist eigentlich eine paradoxe Angelegenheit, und die meisten Gäste sind gar nicht nach der frischen Luft lüstern, sie finden es viel gemütlicher in ihren Zellen ...

Draußen winkt die Freiheit. In der Personifikation als Nutte promeniert sie in nächster Nähe auf dem Trottoir. Denn wir befinden uns hier direkt am nördlichen Ende der Friedrichstraße wo die Unterweltsviertel Berlins aufhören und die Halbweltsgegenden anfangen. Die Vergnügungslokale sind noch nicht ganz citymäßig, aber sie haben ein gewisses Cachet von Eleganz. Beim Oranienburger Tor liegt das *Mäusepalais,* eine fast schon historisch gewordene Stätte, an der der Amüsierbetrieb immer wieder auflebt. Eine groß bestückte Tanzkapelle. Rassige Tanzpaare, lächelnde Girls zeigen viel Fleisch und wippen die Beine, lebende Bilder und eine Klein-Revue. Attraktion des Lokals, das früher *Folies Caprice* hieß, eine schummrige Grotte, in der es erotisch zugeht ... Hörselbergstimmung unter gedämpften Tangoklängen ...

Sportpalast mit Zilleball und Sechs-Tagerennen

An den Pforten der Unterwelt empfangen uns schon die Vorposten der großen Welt des öffentlichen Vergnügens, wischen Lärm und Licht die düsteren Bilder des Erlebens hinter den Kulissen aus. Aber auch auf nicht eigenem Boden können wir Begegnungen mit

Sing-Sing in der Chausseestraße, 1928.

der Unterwelt erfahren. In dem einen Falle handelt es sich um ein Gemisch von Ernst und Scherz, von Wirklichkeit und Spiel. Das ist der Zille-Ball im *Sportpalast* an der Potsdamer Straße. Ein Maskenfest, bei dem sich echte Unterwelt mit maskierter mischt, und die maskierte das Spiel zum Verwechseln echt treibt. Es gibt kesse, scharfe Sachen. Rotznasen, stramme Modellmädchen, hochbusige Mamas im Dress der Ackerstraße. Gummikragen und rotes Taschentuch. Stoppelbart und rotweiß gestreifte Unterjacke. Eine Auswahl aus dem Reich der Hinterhäuser. Aber die meisten sind nicht echt, sondern tun nur so, und die Echten lässt man manchmal nicht rein, weil man meint, sie sind nicht maskiert, denn sie sehen nicht echt genug aus.

Mehr echte Unterwelt versammelt sich an der gleichen Stätte jährlich bei anderem Anlass. Da kommt sie in Scharen aus Osten und Norden und Süden wie zu einem Mekka. Das ist beim Sechstagerennen. Da kommen sie in ihrer Sportbegeisterung gruppenweise und halten Tag und Nacht aus, blicken andachtsvoll und mit klopfenden Herzen auf die Bahn hinab, wo ihre Abgötter sich abhetzen und Kilometer um Kilometer dahinkeuchen, da feuern sie durch gellende Zurufe an zu höheren Leistungen oder brüllen ihren Unwillen heraus wie mit schrillen Trompeten. Auf den Galerien richten sie sich häuslich ein. Ganze Familien finden sich ein, um sich auszutoben, aufzuregen und zu amüsieren.

Unter den Lichtgarben der grellen Scheinwerfer kreist die jagende Meute auf den Bohlen der Fahrbahn unten in der Arena. Fast im Dunkeln liegt die Galerie. Und in die unheimliche Stille gellen plötzlich scharfe Pfiffe, dann tausendfaches Gebrüll aus der Tiefe der Kehlen ... Die Augen der Zuschauer glühen in einem dunklen Fieber. Die Galerien stampfen mit den Füßen, animieren die Favoriten. In wildem Tempo kreisen die Fahrer. Unermüdlich spielt die Musik. In den Logen blühen angeschimmert von Streiflichtern die schönen Schultern eleganter Frauen neben schwarzen Smokings. Blasiertes Geflüster, von Lächeln begleitet, von matten Gesten umflattert, erstirbt unter dem unmenschlichen Gebrüll, das von oben die Vorgänge auf der Bahn verfolgt. In olympischer Höhe behauptet sich die Unterwelt. In der Diele lehnen unterdessen elegante Snobs an der Bar, saugen eisgekühlte Getränke durch Strohhalme. In tiefen Sesseln kuscheln Frauen, lächeln, kokettieren, flirten, rauchen ... Fetzen des Geschreis wehen von draußen herein. Die Musik spielt Foxtrott, Walzer und Tango. In dem ovalen Tanzraum drängen sich die Paare. Der Mixer hält Wetten. Schon nachmittags versammelt sich hier tout Berlin und nimmt seinen Tee.

Unten bei den Boxen der Fahrer streift die Elite des Westens und des Ostens in buntem Gemisch. Puderduft und Käsestullengeruch, Petroleumgestank und Öldunst, Parfüm und Schweiß ... Man begegnet sich in der merkwürdigen Liebe für die Günstlinge, die da von ihren Strapazen ausruhen, betreut von ihren Managern und ihren Liebsten. Die Masseure arbeiten. Mechaniker klappern mit Maschinenteilen. Pumpen fauchen und aus den Kojenecken kommt Geschnarch.

Schlaftrunken taumeln Männer in Dress von ihren Matratzen, lassen sich auf die Räder heben und setzen sich stumpfsinnig in Fahrt. Andere torkeln von den Maschinen und sinken erschöpft in ihre Winkel. Sechs Tage, sechs Nächte, ein unermüdliches Karussell ... Die Galerie hält sich mit Humor wach.

Manchmal ein Sturz auf der Bahn. Ein Knäuel türmt sich übereinander. Sanitäter und Ärzte laufen, entwirren den Haufen. Man trägt Verletzte ab. Verbände werden angelegt. Es riecht nach Medikamenten. Es gibt ein paar Sensationen. Die Menge heult auf. Neugier reckt den Hals. Weiter, weiter ... Sechs Tage, sechs Nächte ... Sechstagerennen ... Ein Rendezvous von Monde, Demimonde und Unterwelt ...

BESCHLUSS

Sie möchten wissen, wie man eine Berliner Nacht am besten beschließt? Die meisten kommen im Laufe der Stunden selbst darauf, denn in dieser Beziehung gibt es wohl keine geographischen Unterschiede. Manchmal ist die Willensbestimmung nach einem animierten Abend auch nicht mehr ganz von fremden Einflüssen frei.

Immerhin sei gesagt, dass es in den schönen Jahreszeiten, die schon einen frühen Aufenthalt im Freien erlauben, sehr reizvoll ist, nach einer solchen Nacht mit der Untergrundbahn nach »Onkel Toms Hütte« oder zur »Krummen Lanke« hinauszufahren, um dort auf weiter Terrasse in der Morgensonne das Frühstück einzunehmen. Nach einer lustigen Großstadtnacht ist die Natur doppelt schön und erfrischend. Wer ein Freund von gemeinsamen Weekendfahrten ist, der findet dazu in Berlins Umgebung unzählbare Gelegenheiten. Mit einer Einladung an die Havelseen und an die anderen märkischen Gewässer stößt man bei der naturliebenden Berlinerin niemals auf Widerstand. Gewissen Bedenken in die Illegitimität solcher Unternehmungen hat die großstädtische Bijouteriewarenindustrie Rechnung getragen, indem sie »Trauringe fürs Wochenende« für nur drei Mark auf den Markt gebracht hat, die ihren Goldglanz länger bewahren als für die Dauer einer solchen Weekend-Ehe erforderlich ist.

GLOSSAR

S. 13

Baedeker: Unter dem Namen »Baedeker« wurden ab 1832 im Karl Baedeker Verlag Reiseführer für das In- und Ausland publiziert, die sich durch sorgfältige Recherche, hilfreiches Kartenmaterial und eine opulente Ausstattung auszeichneten. Schnell wurde der Name »Baedeker« zum Synonym für Reiseführer.

Nepp: Fordern oder Kassieren überhöhter Preise für geringwertige Ware oder Leistung.

S. 17

Similiglanz: Der Glanz von Simili, also geschliffenen Glassteinen.

… von den Linden her durch die »Passage« zu streifen: Gemeint ist die 1873 eröffnete und nach Pariser Vorbild gestaltete *Kaisergalerie.* Mit über 50 Geschäften und zahlreichen Vergnügungsmöglichkeiten wie Cafés, Restaurants, einem Theater, einem Konzertsaal und dem Wachsfigurenkabinett »Panoptikum« war die *Kaisergalerie* der Inbegriff des modernen Großstadtlebens. 1943 wurde die Passage mit ihrer überdachten Ladenstraße bei einem Bombenangriff stark beschädigt, die Überreste wurden 1957 abgerissen.

S. 20

Haller, der König der Revue: Herman Haller (1871–1943) war Theaterdirektor und Bühnenautor. Von 1923 bis 1932 war er Direktor des Theaters im Berliner *Admiralspalast.* Berühmt wurde mit seinen Haller-Revuen in den 1920er Jahren.

Hier hat Kainer seine Ausstattungsorgien gefeiert …: Ludwig Kainer (1885–1967) war in den späten 1920er und frühen 1930er Jahren Ausstattungschef des Theaters im *Admiralspalast* und speziell der Haller-Revuen.

Wintergarten: Die ursprüngliche Varieté-Bühne *Wintergarten* eröffnete 1887 südlich des Bahnhofs Friedrichstraße in dem Wintergarten eines Hotels und erlangte nur wenige Jahre später Weltruf mit seinen Varieté-Veranstaltungen. Nach einem Bombenangriff 1944 musste der Wintergarten seinen Betrieb einstellen. Unter demselben Namen eröffnete 1946 an der Berliner Hasenheide ein Kino-Varieté und 1992 erneut ein bis heute bespieltes Varieté-Theater an der Potsdamer Straße.

S. 25

Houbigant: Ein 1775 gegründetes französisches Parfümhaus.

S. 28

Cicisbeo: Die Rolle des Cicisbeo etablierte sich in Italien im 18. und 19. Jahrhundert. Er übernahm die Begleitung der Hausdame zu gesellschaftlichen Anlässen, wenn der Hausherr verhindert war. War der Cicisbeo zunächst eher Aufpasser, änderte sich seine Rolle im Laufe der Zeit. Er hatte die Erlaubnis, die Hausdame in ihren Privatgemächern zu besuchen, was die Anbahnung einer sexuellen Beziehung erleichterte.

S. 29

Nachmittagsjeu: Nachmittagsspiel.

S. 30

Affiche: Plakat.

Libertinage: moralische Freizügigkeit, Zügellosigkeit.

S. 33

Café Größenwahn: *Café Größenwahn* war der Spitzname des *Cafés des Westens,* das sich von 1898 bis 1915 am Kurfürstendamm 18/19, Ecke Joachimsthaler Straße, dem heutigen Kranzler-Eck, befand. Das Café entwickelte sich schnell zum wichtigsten Treffpunkt der Berliner Künstlerszene.

S. 38

Embarquement pour Cythère: »Einschiffung nach Kythera« heißt ein Bild von Jean-Antoine Watteau, das zwischen 1710 und 1718 in drei Fassungen entstanden ist. Im Hintergrund aller drei Gemälde ist die griechische Insel Kythera zu sehen, die als Reich der Liebe galt, weil hier der Sage nach die Göttin Venus aus dem Schaum des Meeres an Land gestiegen ist.

S. 39

Flapper: In den1920er Jahren vor allem in den USA und England eine Bezeichnung für junge, emanzipierte Frauen, die sich über gesellschaftliche Konventionen hinwegsetzten, kurze Röcke und kurze Haare trugen, rauchten, tranken und Jazz hörten.

S. 52

Patoumodell: Jean Patou (1887–1936) war ein französischer Modedesigner und Kostümbildner.

Bernhard Ette: Bernard Etté (bürgerlich: Bernhard Ette, 1898–1973) war ein deutscher Kapellmeister und Violinist.

Marek Weber: Marek Weber (1888–1964) war ein deutscher Violinist und Orchesterleiter.

S. 56

Maison de Rendez-vous: frz. für »Haus der Verabredung«; Hotel oder Pension, wo sich Männer besseren Standes mit ihren in der

Regel verheirateten Geliebten trafen. Nicht selten wurden den Damen für diese »Begegnungen« beträchtliche Summen gezahlt.

S. 62

Embonpoint: Wohlbeleibtheit, Körperfülle.

S. 74

Kainz: Josef Gottfried Ignaz Kainz (1858–1910) war ein österreichischer Schauspieler.

Matkowsky: Adalbert Matkowsky (1857–1909) war ein deutscher Schauspieler.

S. 75

Rastelli: Enrico Rastelli (1896–1931) war ein international gefeierter italienischer Jongleur.

S. 78

Photomaton: Fotoautomat.

S. 89

Holländer: Friedrich Hollaender (1896–1976) war ein deutscher Revue- und Tonfilmkomponist, Kabarettist und Musikdichter.

S. 92

Huri: Schönes, ewig jungfräuliches Mädchen im Paradies des Islam.

S. 106

Malossol: russ. für leicht/schwach gesalzen; wird (wie hier) fälschlicherweise als Bezeichnung für Kaviar verwendet, auf dessen Dose das Wort häufig zu lesen ist.

Hörselbergluft: Der Große Hörselberg (im westlichen Thüringen) gilt als der Venusberg aus der Tannhäuser-Sage, in dessen Innerem die Sinnlichkeit regiert. Der vor allem durch Richard Wagners Oper bekannte Mythos führte Ende des 19. Jahrhunderts auch zu einer Erschließung der sog. »Venushöhle«, in der Besucher gefahrlos auf den lasterhaften Wegen Tannhäusers wandeln konnten.

S. 111

Rohrpost: Der Versand per Rohrpost mittels Druckluft nahm seinen Anfang in Berlin am 1. Dezember 1876 und wurde sowohl stadtweit als auch innerhalb einzelner Gebäude eingesetzt.

S. 112

Berlin W und WW: Hiermit wurden Berliner Postbezirke bezeichnet. Ausgehend vom Hofpostamt, das sich etwa dort befindet, wo heute das Marx-Engels-Forum ist, wurde damit das damalige Stadtgebiet von Berlin in neun meist nach den Himmelsrichtungen benannte Postbezirke eingeteilt: C (Centrum), O, SO, S, SW, W, NW, N, NO. Berlin W umfasste, grob skizziert, das Gebiet Unter den Linden über den heutigen Potsdamer Platz bis hin zum Schöneberger Winterfeldtplatz, der Bülow-, Potsdamer und Oranienstraße. Da dieses System bei der Entstehung Groß-Berlins nicht auf die eingemeindeten Städte wie Charlottenburg und Wilmersdorf angewendet wurde, etablierte sich im Volksmund die Bezeichnung »Berlin WW« für die sich etablierende »City West«, die den Kurfürstendamm und die angrenzenden Straßen beschrieb.

S. 114

Soffitten: Zylinderförmige Lampe, die bis in die 1930er Jahre gelegentlich als Raumbeleuchtung verwendet wurde.

Albers, Henny Porten, Massary, Asta Nielsen, Chaplin: Die hier genannten Personen sind allesamt Schauspieler: Hans Albers (1891–1960), Henny Porten (1890–1960), Fritzi Massary (1882–1969), Asta Nielsen (1881–1972), Charlie Chaplin (1989–1977).

S. 115

Vor einigen Jahren hat ein französischer Publizist Berlin besucht ...: Moreck spielt hier auf Jules Huret (1863–1915) an, dessen Buch »Berlin um Neunzehnhundert« 1909 erschienen war.

S. 116

Ephebe: Antike Bezeichnung für einen jungen Mann kurz nach der Pubertät.

S. 125

Gesellschafts-Tyrolienne: Die Tyrolienne ist ein Rundtanz im ¾-Takt.

S. 129

bakert: Anspielung auf die weltberühmte Schauspielerin, Tänzerin und Sängerin Josephine Baker (1906–1975), die ab Mitte der 1920er Jahre auch regelmäßig in Berlin auftrat.

S. 142

Sapphische Nächte: Sappho gilt als die wichtigste Lyrikerin der griechischen Antike und lebte im 7. Jahrhundert vor Christus in Mytilini auf der Insel Lesbos. In ihrem Werk spielt die erotische Liebe und die homoerotische Liebe zu Frauen eine entscheidende Rolle.

S. 156

Stettiner Bahnhof: heute Nordbahnhof.

Schlesischer Bahnhof: heute Ostbahnhof.

S. 158

Yoshiwara: Das einzige legale Bordellviertel in Edo (heute Tokio) im 17. bis 19. Jahrhundert. In Fritz Langs Film »Metropolis« (1926) trägt ein anrüchiges Etablissement den Namen »Yoshiwara« (dt.:

»Glück verheißende Wiese«), 1928 kam der Film »Im Schatten von Yoshiwara« des japanischen Regisseurs Teinosuke Kinugasas in die Berliner Kinos, der durch seine stimmungsvollen Aufnahmen für Aufsehen sorgte.

Die kleinen Mädchen aus O wachsen an der Brust der Kavaliere aus W: O (Ost) und W (West) beziehen sich erneut auf die Berliner Postbezirke.

S. 161

Ernst Lubitsch: Deutsch-US-amerikanischer Regisseur und Schauspieler (1892–1947).

S. 165

splendid: großzügig, freigiebig.

S. 168

Clärchens Witwenball in der Auguststraße 24: Ort dieses Witwenballs ist das bis heute bestehende *Clärchens Ballhaus,* 1913 offiziell unter dem Namen *Bühlers Ballhaus* eröffnet.

S. 169

Molle: Bierglas.

Kamisol: eng anliegende Jacke, Mieder.

S. 171

Ukas: Erlass, Verordnung.

S. 175

honett: Anständig und ehrhaft.

Vigilantentum: Vigilantismus ist eine Form der Selbstjustiz und bezeichnet das Eingreifen in das Handeln anderer jenseits des rechtlichen Rahmens.

S. 177

Browning: Schusswaffe des gleichnamigen Waffenproduzenten mit Sitz in den USA.

S. 186

Sing-Sing: Sing Sing ist der Name eines US-amerikanischen Hochsicherheitsgefängnisses in der Nähe von New York City. Das Gefängnis wurde 1928 fertiggestellt und ist bis heute in Betrieb, zwischen 1891 und 1963 wurden dort 641 Menschen durch den elektrischen Stuhl hingerichtet.

Sacco und Vanzetti: Ferdinando »Nicola« Sacco (1891–1927) und Bartolomeo Vanzetti (1888–1927) waren italienische Einwanderer, die sich in den USA der anarchistischen Arbeiterbewegung angeschlossen hatten. Sie wurden in einem umstrittenen Prozess des Doppelmordes schuldig gesprochen und im August 1927 durch den elektrischen Stuhl hingerichtet.

Frissons: frz. für Schaudern.

S. 187

Plötzensee: Das Strafgefängnis Berlin-Plötzensee wurde 1879 eröffnet und war seinerzeit das größte Strafgefängnis Deutschlands. Zur Zeit des Nationalsozialismus wurden etwa 2.500 Menschen in Plötzensee hingerichtet. Heute erinnert eine Gedenkstätte daran, die Justizvollzugsanstalt Plötzensee, die teilweise auf dem Gelände der ehemaligen Strafanstalt liegt, ist bis heute in Betrieb.

S. 188

Cachet: Eigentümlichkeit, Eigenart.

ÜBERSICHT DER ETABLISSEMENTS

Adlon (Pariser Platz) S. 16, 50, 176
Admiralspalast (Friedrichstraße) S. 20
Adonis-Diele (Alexandrinenstraße) S. 122
Aida (Kurfürstenstraße) S. 76
Alt-Mexiko S. 176, 181
Am Kamin S.112
Anglo-American Tearoom (Kurfürstendamm) S. 65
Aschinger (Joachimsthaler Straße) S. 78
Atrium (Kaiserallee, heute: Bundesallee) S. 70
Barberina (Hardenbergstraße) S. 110, 55
Behrens Festsäle (Elsässer Straße 10, heute: Torstraße) S. 168
Bohemekeller (Nürnberger Straße) S. 114
Bonbonniere (Kurfürstendamm) S. 98
Borchardt S. 76
Borussia Säle (Ackerstraße 6/7) S. 168
Bouchésche Blumengärten (Blumenstraße) S. 160/161
Boyar (Kleiststraße) S. 76
Bristol S. 16, 50, 176
Broadway (Kantstraße) S. 55
Bürger-Casino (Friedrichsgracht) S. 117
Café Berlin (Hardenbergstraße) S. 55, 63, 102
Café Fritz (Neue Grünstraße) S. 120
Café Größenwahn (Kurfürstendamm) S. 33, 63
Café Gummiknüppel (Oranienburger Straße) S. 185
Café Heßler (Kantstraße) S. 42
Café König (Unter den Linden) S. 63
Café Nordstern (Linienstraße) S. 121

Café Olala (Zietenstraße) S. 139
Café Quetsch (Alte Schönhauser Straße) S. 182, 183
Café Roland (Chausseestraße) S. 185
Café Schottenhaml (Kemperplatz) S. 63
Café Vaterland (Postdamer Platz) S. 63
Café Wien (Kurfürstendamm) S. 42
Casanova (Lutherstraße, heute: Martin-Luther-Straße) S. 55, 106
Charlott S. 88
Clärchens Witwenball (Auguststraße 24) S. 168
Dé Dé (Ecke Bülow- und Frobenstaße) S. 126
Delphi (Kantstraße) S. 109
Domino-Bar (Marburger Straße) S. 142
Dorian Gray S. 138
Eden S. 52, 53
Eldorado (Lutherstraße, heute: Martin-Luther-Straße) S. 124, 150, 151, 152
Englischer Hof (Alexanderstraße) S. 165, 167
Esplanade (Bellevuestraße) S. 51, 52
Femina (Nürnberger Straße) S. 55, 62, 110, 111, 113
Folies Caprice S. 188
Förster (Motzstraße) S. 76
Freddys Jokey (Lutherstraße, heute: Martin-Luther-Straße) S. 129
Grand Café (Nürnberger Straße) S. 62
Grüne Neun (Blumenstraße) S. 161
Haus Germania (Hardenbergstraße) S. 55, 63, 74
Haus Vaterland (Potsdamer Platz) S. 64, 79, 81, 91
Henry Bender (Bleibtreustraße) S. 112
Hillbrich (Kurfürstendamm, Ecke Knesebeckstraße) S. 65
Hiller (Unter den Linden) S. 74
Hohenzollern-Diele (Bülowstraße) S. 134
Hollandais (Bülowstraße) S. 126
Hölle (Kurfürstendamm) S. 100
Horcher (Lutherstraße, heute: Martin-Luther-Straße) S. 75

In den Zelten (In den Zelten, heute: Straße aufgehoben) S. 65
Johnny's Night Club (Kalkreuthstraße) S. 128, 129
Kabarett der Komiker (Kurfürstendamm) S. 88
Kabarett Montmartre (Kurfürstendamm) S. 99, 100
Kaffee-Plantage S. 45
Kaiserhof (Wilhelmplatz) S. 52
Kakadu (Kurfürstendamm, Ecke Joachimsthaler Straße) S.102
Katakombe (Bellevuestraße) S. 88
Kempinski S. 74
Köhlers Festsäle (Tieckstraße) S. 121
Königin (Kurfürstendamm) S. 53
Korso S. 88
Koschwitz S. 78
Kranzler-Eck (Unter den Linden, Ecke Friedrichstraße) S. 63
Krug zum grünen Kranze (Alexanderplatz) S. 169, 171, 181
Laterne (Neue Winterfeldtstraße, Ecke Gossowstraße) S. 126
Luna-Park S. 84, 85, 86, 87, 154
Lutter und Wegner S. 74
Mali und Igel (Lutherstraße, heute: Martin-Luther-Straße) S. 145
Mäusepalais S. 188
Medvjed (Neue Bayreuther Straße, heute: Welserstraße) S. 76
Mendelssohns Universum (Kurfürstendamm) S. 70
Miericke (Rankestraße) S. 65
Mikado (Puttkamer Straße) S. 148
Monbijou (Kommandantenstraße) S. 143, 144, 145, 147
Monbijou des Westens (Lutherstraße, heute: Martin-Luther-Straße) S. 145
Monte-Casino (Planufer) S. 122
Montparnasse S. 99
Moritz Dobrin S. 63
Mundts Ballsaal (Köpenicker Straße 100) S. 163
Neva Grill (Ansbacher Straße) S. 76
OD (Nürnberger Straße) S. 76

Onkel Pelle (Müllerstraße) S. 87
Palais am Zoo S. 55
Palais de danse S. 99
Pavillon Mascotte S. 99
Peltzer (Neue Wilhelmstraße, heute: Wilhelmstraße) S. 75
Quick (Joachimsthaler Straße) S. 78
Rehkeller (Prenzlauer Allee) S. 171, 181
Reimann (Kurfürstendamm) S. 41, 43
Residenz-Casino (Blumenstraße) S. 160
Ristorante Venezia (Kurfürstendamm) S. 44, 76
Roberts (Kurfürstendamm) S. 41
Romanisches Café S. 33, 34, 35
Scala (Lutherstraße, heute: Martin-Luther-Straße) S. 55, 87, 106, 107
Schwanneke (Rankestraße) S. 114
Silhouette (Geisbergstraße, Ecke Culmbachstraße) S. 130
Sing-Sing (Chausseestraße) S. 186, 187, 189
Souffleurkasten (Meinekestraße) S. 114
Sportpalast (Potsdamer Straße) S. 188, 190
Steinmeier (Kurfürstendamm) S. 96
Stöckler (Kurfürstendamm) S. 74
Tari Bari (Nürnberger Straße) S. 76
Taverne (Courbièrestraße) S. 76
Tingel-Tangel (Kantstraße) S. 88
Toppkeller (Schwerinstraße) S. 139, 140
Toyokran (Geisbergstraße) S. 77
Traube (Hardenbergstraße) S. 74
Uhlandeck (Uhlandstraße) S. 44, 114
Verona-Diele (Kleiststraße, Ecke Eisenacher Straße) S. 141
Violetta (Bülowstraße) S. 136
Voo-Doo (Skalitzer Straße) S. 121
Weisz Csardas (Kurfürstendamm) S. 42, 44, 76
Wertheim (Bellevuestraße) S. 65
Wintergarten (Friedrichstraße, Ecke Dorotheenstraße) S. 20, 23, 87

Wunderland (Kurfürstendamm) S. 114
Zauberflöte (Kommandantenstraße) S. 123, 143,
Zentral-Diele (Stallschreiberstraße) S. 120
Zigeunerkeller (Kurfürstendamm) S. 42
Zirkus Busch S. 88

Editorische Notiz

Orthographie und Interpunktion der Originalausgabe von 1931 wurden der aktuellen deutschen Rechtschreibung angepasst. Offensichtliche Fehler wurden stillschweigend korrigiert.

Abbildungsnachweis

akg-images: S. 27, 71, 82, 113
bpk: S. 23 (Fritz Eschen), 59, 107, 150, 189 (Kunstbibliothek, SMB, Photothek Willy Römer/Willy Römer)
Bundesarchiv: S. 51 (Bild 183-K0623-0502-001), 64 (Bild 183-J1209-500-002), 80 (Herbert Hoffmann, Bild 146-1995-018-03), 91 (Herbert Hoffmann, Bild 146-1988-035-14), 124 (Herbert Hoffmann, Bild 146-1976-141-25)
Sammlung Friedrich: S. 2, 18, 101, 144, 173
SZ Photo: S. 85
ullstein bild: S. 34, 43 (Badekow), 69, 95, 97, 119, 132 (Süddeutsche Zeitung Photo/Scherl), 159 (Weltrundschau), 167 (Süddeutsche Zeitung Photo/Scherl), 180 (Süddeutsche Zeitung Photo/Scherl)